지금 살림도 빠듯한데
은퇴 자금
어떻게 모으지?

지금 살림도 빠듯한데
은퇴 자금
어떻게 모으지?

초판 1쇄 발행 2024년 9월 5일
초판 2쇄 발행 2024년 11월 11일

지은이 김형리
책임편집 하진수
디자인 그별
펴낸이 남기성

펴낸곳 주식회사 자화상
인쇄,제작 데이타링크
출판사등록 신고번호 제 2016-000312호
주소 경기도 고양시 덕양구 꽃마을로 34, 1006호,1007호(향동동, DMC스타펠리스)
대표전화 (070) 7555-9653
이메일 sung0278@naver.com

ISBN 979-11-91200-97-3 13320

노후 생활비 월 300만원 플랜

지금 살림도 빠듯한데 은퇴 자금 어떻게 모으지?

김형리 지음

프로젝트 A

은퇴자금 미리 준비할수록 복리 효과도 UP!

2023년 10월 가을, 문득 한 통의 전화가 걸려왔습니다.

"김 팀장, 올해 말에 나 퇴직하는데 뭘 준비해야 할까? 퇴직금을 어떻게 받아야하는지, 상품은 어떤 걸로 운용해야하는지 등 왜 이리 궁금한 게 많을까. 나랑 한번 만나서 퇴직 후 얼마나 생활비를 써야 하는지 상담 한번 해줄래?"

퇴직을 2개월 앞둔 부장님의 은퇴 상담 요청이었습니다. 며칠 후 부장님을 만나서 보유하고 있는 자산과 퇴직금 그리고 은퇴 후 생활비 등 전반적인 은퇴상담을 진행했습니다. 그러면서 다시 한 번 깨달았습니다. 은퇴는 미리미리 준비해야 하는데 왜 사람들은 알지 못할까요?

은퇴자금이 부족하여 수익률을 올리고 싶지만 위험을 감당할 여력이 퇴직이라는 벽에 부딪치는 것입니다. 사회 초년생부터 투자자산에 대한 마인드를 가지고 꾸준히 투자했으면 퇴직 시점에 은퇴자금이 부족하여 은퇴 후 생활비를 줄여야 하는 상황이 생기지는 않았을 걸 하는 아쉬움이 많았습니다.

그때부터 만나는 사람마다 개인형 IRP 수익률은 얼마나 되는지, 어떤 상품을 운용하는지, 연금 상품은 어떤 종류가 있으며 수익률은 체크해보았는지 등을 물어보았습니다. 예상했던 것보다 관심도는 낮았습니다. 그저 월급에서 떼어 갔다가 나중에 들어오는 돈 정도의 인식만 있었습니다.

이것이 이번 책을 쓰게 된 계기입니다. 내가 알고 있는 지식들을 다른 사람들과 함께 공유함으로써 사람들에게 은퇴 자금에 대한 중요성을 상기하고 이를 준비할 수 있는 시간을 마련해주자고 말입니다.

20~30대 사회 초년생 중에는 여러 이유로 계약직인 경우가 많습니다. 혹은 몇 년간 다니다 이직하는 경우도 많습니다. 이때 대다수가 회사를 옮기며 받는 퇴직금을 미래의 은퇴 자금으로 여기지 않고 소비해버립니다. 오히려 안정적인 직장을 가지고 있는 사람들 보다 더 불안한 노후를 위해 받은 퇴직금은 IRP를 활용해서 차곡차곡 쌓아야 하는데 말입니다. 상담을 해보면 회사를 이직할

때 IRP통장에 퇴직금을 추가 입금할 수 있다는 정보도 모르는 경우도 많았습니다.

40대는 회사의 복지차원에서 IRP계좌에 매월 입금되는 자금의 운용에 대해 관심을 갖지 않아 정기예금으로만 운용되고 있는 경우도 있었습니다. 그래도 퇴직이 10~15년 남아서 연금에 대한 니즈는 20~30대보다는 관심도가 높았습니다. 하지만 자녀교육 및 주택자금 등 여유자금이 많지 않아서 연금저축에 입금하는 것을 실천하지 못하는 경우도 있었습니다.

50대는 퇴직 후 은퇴자산이 부족하다는 현실적인 생각이 있었지만 투자 상품에 대한 투자 기간이 많지 않으므로 과감한 자산운용을 하지 못하는 것이 안타까웠습니다. 특히 50대 중반에는 퇴직금을 수령하여 어떻게 하면 자신의 노후 생활을 여유롭게 할 수 있을지 가장 고민거리가 많았지만 여전히 준비 기간이 없다는 아쉬움이 있었습니다.

은퇴자금 준비는 왜 빠르면 빠를수록 좋은지의 사례와 준비하는 은퇴자금은 어떤 상품들을 운용해야 하는지, 퇴직금을 수령한 후 연금지급 요령 등을 상세히 책 내용에 넣어보았습니다. 또 퇴직을 앞둔 대부분의 사람들이 보유하고 있는 연금신탁, 연금펀드, 연금보험, IRP를 연금으로 수령할 때 세금을 많이 내야 한다는 불안감을 가지고 있는데 절세할 수 있는 방법들을 제시해보았습니다.

연금 상품이나 퇴직금 수령에 관하여는 전문가가 아닌 이상 한

번의 설명으로도 이해가 어려울 것입니다. 연금저축에 대한 부분을 꼼꼼히 읽어보고 자신에 맞는 연금수령방법을 선택하여 현명하게 연금을 수령하기를 바랍니다. 또한 이 책을 통하여 은퇴자금을 준비하는 방법과 은퇴 후 생활비에 대한 자금 계획을 자신에 맞게 세워보기를 바랍니다.

1년 4개월 만에 다시 책을 내놓게 되었습니다. 주 5일 근무의 현직에 충실하면서 바쁜 시간을 쪼개어 토요일, 일요일에 둘째와 스터디카페를 다니면서 글을 썼습니다. 준비하는 6개월이 힘들기는 했지만 이렇게 좋은 결실을 맺게 되어 저 또한 기쁩니다. 늘 저를 응원해주시는 NH농협은행 이석용 은행장님, 투자자산부문 김용욱 부문장님, 퇴직연금부 최성위 부장님, WM사업부 박현주 부장님 그리고 함께 근무하는 직원들에게 감사함을 전합니다. 또한 저의 가족 어머니, 남편 그리고 두 아들 모두 사랑하고, 감사합니다.

2024. 7월 김형리

| 차례 |

| PART |

은퇴 자금 준비, 빠르면 빠를수록 좋다

2

| PART |

은퇴 자금 절세, 어떻게 찾느냐로 받는 금액이 달라진다

| PART 3 |

은퇴 자금 관리, 여름에 한 번, 겨울에 한 번 수익률 체크!

PART 4 은퇴 자금 플랜, 우선 내게 걸맞은 노후 생활비 선정이 핵심!

은퇴 자금 준비는 왜 빠르면 빠를수록 좋을까?

한번 상상해보자, 당신은 긴 여행을 계획하고 있는 상황이다. 여행을 시작하기 전에, 여행지에서 머무를 호텔을 예약하고, 교통편을 정리하고, 필요한 물건들을 챙긴다. 여행 중에는 예상치 못한 일들이 발생할 수도 있다. 비가 올 수도 있고, 추가로 더 많은 돈이 필요할 수도 있고, 아니면 더 멋진 곳을 발견해서 머무르고 싶어질 수도 있다. 이 모든 상황에 대비하기 위해 여행 전에 충분한 계획을 짜는 동시에 여유 있게 자금을 마련해두는 게 좋다.

은퇴 자금도 마찬가지이다. 은퇴는 인생이라는 긴 여정의 후반에 맞는 또 다른 시작이라고 할 수 있다. 제2의 직업에 도전하거나 새로운 취미를 찾거나 여행을 가거나 가족과 시간을 보내거나 하며 원하는 대로 자유롭게 시간을 보낼 수 있다. 하지만 그러려면 여행을 준비할 때와 마찬가지로 충분한 계획과 여유 자금이 필요하다. 그중 특히 중요한 것이 여유 자금, 즉 은퇴 자금이다.

은퇴 자금이 충분하다면 은퇴 후에 안정적으로 원하는 대로 생활할 수 있다. 하지만 은퇴 자금을 준비하지 않으면 생계를 위해 계속 일을 해야 하거나 원하는 생활을 하지 못할 수 있다. 은퇴 자금이 탄탄하면 은퇴 후 행복하고 안정적인 인생 여정을 계속하는 데 큰 도움이 된다.

대부분의 사람은 일정 나이가 되면 직장을 그만두고 은퇴한다. 그 시점부터는 매달 받던 월급이나 소득이 중단된다. 이때 은퇴 자금이 없으면 생활비, 여가 활동, 의료비 등 기본적인 비용을 충당하기 어려워진다. 그런 의미에서 은퇴 자금은 미래의 자신에게 지급하는 급여라고 할 수 있다.

줄어든 저축 가능 시기, 늘어난 생활비 지출 시기

최근 사회초년생들의 취업 시기는 30대 초반이 대부분이다. 반면 은퇴 시기는 빨라졌는데, 55세까지 근무한다면 저축 가능한 시기는 20~25년이다. 평균 수명으로 따져보았을 때 은퇴 후 생활비를 지출하는 시기는 55세 이후 30~35년 이상이다. 과거와 비교해 저축 가능 시기는 줄어들고 생활비 지출 시기는 늘어난 것이다.

은퇴 후 편안한 생활을 즐기려면 은퇴 자금은 꼭 필요하다. 은퇴 자금 마련을 위한 준비는 빠르면 빠를수록 좋다. 안정적인 노후를 위해 현재의 수입과 지출을 고려하여 전반적인 은퇴 자금 목표를 세울 필요가 있다.

퇴직연금, 개인연금, 국민연금 등 다양한 연금 자산이 있지만, 개인이 스스로 운용하는 개인연금의 중요성이 커지고 있다. 사회초년생부터 은퇴생활자까지 전 연령에서 개인연금에 관한 관심이 지속해서 늘어나고 있다.

과연 얼마가 필요할까?

2022년 국민연금관리공단 자료에 의하면 적정 노후 생활비는 월평균 60대 부부는 284만 원, 60대 개인은 182만 원이 필요하다. 60세 은퇴 시점까지 준비할 예상 자금을 소비자 물가상승률 1.1%와 예상 세후 투자 수익률 1.59%로 산정하고 평균 수명인 86세까지 생존한다면 현재 50세 부부는 8억 원, 현재 40세 부부는 8억 9,000만 원이 필요하다.

30세에 취업 후 55세까지 25년 동안 꾸준히 저축한다고 가정한다면 아래 표에서 볼 수 있듯이 월 100만 원씩 수익률 연 7%를 실현해야 목표금액 8억 원 달성이 가능하다. 만약 저축 기간을 20년으로 가정한다면 월 100만 원씩 수익률 연 12%를 실현해야 목표금액 10억 원 달성이 가능하다. 수익률과 저축 기간에 따라 목표금액이 확연하게 다른데, 20년 이상의 장기투자이므로 투자 상품을 조정하면서 연 7~12%의 수익률 실현을 노린다면 목표금액 달성이 어렵지 않을 것이다.

[월 100만 원을 25년 동안 연 7%로 운용시 8억 1,500만 원 예상]
[월 100만 원을 20년 동안 연 12%로 운용시 약 10억 원 예상]

(단위 : 원)

년 / 수익률	5.00%	7.00%	10.00%	12.00%
15년	₩268,402,648	₩318,811,243	₩417,924,266	₩504,576,000
20년	₩412,746,309	₩523,965,399	₩765,696,910	₩999,147,919
25년	₩597,990,999	₩814,797,111	₩1,337,890,348	₩1,897,635,092

은퇴 자금은 어떻게 준비해야 할까

은퇴 이후의 생활 기간이 길어진 상황에서 은퇴 자금을 어떻게 준비해야 하는지 모두가 고민이지만 결국은 3층 연금구조를 통하여 준비해야함이 정답이다. 국민연금과 같은 공적연금은 가장 기본적인 노후준비 수단이지만 소득대체율 감소, 노인부양비율 증가 등으로 국민연금에만 의존하기에는 윤택한 노후를 보장할 수 없다. 국가, 기업, 개인 각각의 노력을 모아 안락한 노후를 설계할 수 있도록 3층 연금구조를 통한 노후자금 준비가 필수적이다.

3층 연금구조

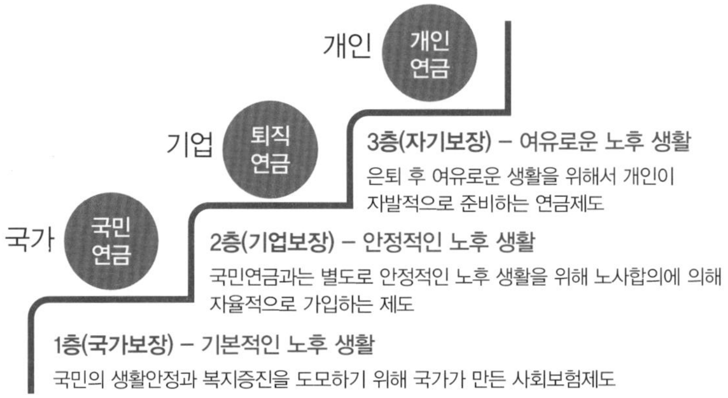

출처: 금융감독원

| PART 1 |

은퇴 자금 준비, 빠르면 빠를수록 좋다

Q

근무 기간이 짧은데 퇴직금을 찾아야 할까요?

찾지 말고 미국 채권형 펀드로 장기 투자하세요

29세 K씨는 2년 동안 계약직으로 일하였는데 다음 달에 퇴사하게 되었다. 원래 K씨는 금융기관에서 일하고 싶었는데 취직이 쉽지 않아 지금의 회사에 들어왔다. 회사를 다니는 2년간 퇴근 후와 주말 시간을 이용해 꾸준히 자기계발을 했다. 퇴사 후에는 당분간 실업급여를 받으며 하반기 채용에 집중해 금융기관에 다시 한번 도전해볼 생각이다.

퇴사를 앞둔 K씨는 그동안 부었던 적금을 계속 운용해야 할지, 퇴직금은 찾아야 할지 고민이다. 실업급여를 받으면 몇 달간 생활비 걱정은 덜겠지만 재취업하게 될지 모르기 때문에 추가적인 적금 불입이 부담되기 때문이다. 차라리 퇴직금을 찾아 목돈을 들고 있으면 이직 준비를 하는 동안 생활하는 데 안정을 찾을 수도 있으니 여러모로 고민이다.

6개월 정도 실업급여를 받을 수 있다는데 방법은?

실업급여는 고용보험홈페이지에서 신청하며 세부적인 요건과 지급기간, 지급액 등을 확인할 수 있다. 29세 K씨의 경우, 180만 원 정도를 5개월 동안 수령하여 총 900만 원을 받을 수 있다.

실업급여를 받을 때 유의사항은 원칙적으로 퇴직한 다음 날부터 12개월이 경과하면 지급받을 일수가 남아 있더라도 더 이상 지급받을 수 없으므로 바로 신청하기를 권장한다.

※ 구직급여 지급액 = 이직 전 평균임금의 60% × 소정급여일수(2024년 1월 기준)

1일 구직 급여 수급액	상한액 66,000원 하한액 63,104원
소정급여일수	나이와 고용보험 가입 기간에 따라서 최소 120일에서 최대 270일

네이버 검색창에 '실업급여계산'을 입력해 검색하면 간단히 실업급여 수령액을 계산해볼 수 있다. 자신의 상황에 맞게 아래의 3

가지 내용을 입력하면 매월 수령할 수 있는 실업급여 금액을 알 수 있다.

1	퇴직시 만 나이	50세 미만 50세 이상 및 장애인
2	고용보험 기간	1년 미만 1년 이상~3년 미만 3년 이상~5년 미만 5년 이상~10년 미만 10년 이상
3	퇴직 전 3개월의 1일 평균 급여액	최근 3개월 급여액÷최근 3개월 근무 기간

퇴사 후 정기 적금을 유지해야 할까

K씨는 매달 100만 원 이상의 적금을 넣고 있었다. 퇴사하고 나면 실업급여 180만 원이 수입이므로 적금 금리를 비교해보고 선택해야 한다.

우선 매월 10만 원씩 넣던 주택청약저축은 재취업 전까지는 2만 원으로 감액하기를 추천한다. 주택청약저축은 불입 회차가 중요한데, K씨는 이미 잔액 340만 원으로 24회차 이상 불입하여 청약 1순위 조건에 해당되므로 금액을 감액해도 괜찮다. 청약통장 가입 기간도 순위 산정에 필요하므로 해지하지 말고 미래를 위하여 보유하는 게 좋다.

청년희망적금은 원금이 보장되면서 연 9% 이상의 높은 금리를 적용받을 수 있으므로 그대로 유지하기를 추천한다. K씨는 만기까지 10개월이 남아 있었으므로 입출금 통장에 있는 잔액과 지출 후 남은 잔액 등을 모아서 기존대로 매달 50만 원씩 넣는다.

특판적금은 매달 25만 원 넣고 있었는데 금리 연 4%에 2회차 불입 후 만기가 도래하므로 마저 넣기를 추천한다. 만기 후 300만 원 이상의 목돈을 수령하면 예비자금으로 MMF나 CMA계좌에 입금해두면 좋다.

S은행의 입출금 통장에 340만 원의 잔액이 있으나 금리가 연 0.1%로 낮으니 MMF나 CMA계좌를 개설하여 옮겨놓기를 추천한다. 향후 불입할 적금이 부족하면 해당 통장에서 일부 인출하여 불입액을 마련해야 할 것이다. 이렇듯 생활 비상금을 넣어놓는 파킹 통장 혹은 예비 통장은 MMF나 CMA계좌가 좋다.

그 밖에 W은행 걷기 적금은 22만 원 소액이므로 해지 후 파킹 통장에 입금한다. K씨의 전체 자산 중 9%를 차지하는 주식은 6개월 이상 유지하는 것을 추천한다. K씨의 투자 성향은 안정형이며 20대 후반이므로 얼마든지 장기 투자를 할 수 있는데 안타깝게도 걸맞은 투자 종목이 없는 상태였다.

퇴사 후 퇴직연금은 찾아야 할까

K씨는 2년 동안 근무했던 회사에서 800만 원의 퇴직금을 받았다. 퇴직금은 법적으로 개인형 IRP계좌에 받도록 되어 있다. 개인형 IRP계좌는 K씨처럼 계약직으로 단기간에 퇴직하는 경우 800만 원의 퇴직금을 입금하고, 재취업해 또다시 이직하여 퇴직하게 되면 추가적인 퇴직금을 입금하여 55세 이후 은퇴 자산을 꾸준히 모을 수 있는 상품이다. K씨는 금융기관에 취직하려고 공부를 계속하고 있고 부모님과 거주하고 있다. 당장 퇴직금을 소비해야 할 이유가 없으면 개인형 IRP계좌를 유지하기를 추천한다. 만약 800만 원의 퇴직금을 25년 동안 연 15%의 수익률을 실현한다면 약 2억 6,300만 원이라는 은퇴 자금을 마련할 수 있다.

K씨는 보유하고 있는 자산의 91%가 원금 보장형 자산이었고, 투자 자산은 9%의 비중밖에 되지 않았다. 아직 젊고 장기 투자 기회가 있으므로 투자 자산의 비중을 확대할 필요가 있다. 특히 25년 이후에 찾을 퇴직연금은 수익률 높은 장기 상품으로 포트폴리오를 잘 구성하면 소액으로도 목돈을 마련할 수 있다. 퇴직금 800만 원은 향후 금리 인하를 예상하여 미국 장기 채권형 펀드에 투자하기를 추천한다.

퇴사 후 적금 이외의 정기 지출은 계속 유지해야 할까

K씨는 적금 이외에 정기 지출로 부모님 용돈, 유기견 및 유니세프 기부금이 있었고 이를 유지하기를 희망했다. 부모님과 함께 거주하므로 퇴사하여 실업급여를 받아도 부모님 용돈은 지속적으로 드리고, 기부금 또한 새로운 직장을 구할 때까지 유지하겠다는 점을 칭찬해주고 싶다.

실업급여 수령 후 적금과 기타 비용(부모님 용돈 등)을 지출하고 K씨 용돈으로는 43만 원을 책정했다. 부모님 집에 함께 거주하고 공부하며 구직 활동하기에는 부족하지 않을 듯하다. 그리고 약 20%는 추가 저축을 할 수 있다. 새로운 직장을 구하면 달라진 고정 수입에 따라 다시 자산 설계를 진행하기로 했다.

[800만 원을 25년 동안 연 15% 운용시 약 2억 6,300만 원 예상] (단위 : 원)

년 \ 기대 수익률	7.00%	10.00%	15.00%	20.00%
10년	₩15,737,211	₩20,749,940	₩32,364,462	₩49,533,891
15년	₩22,072,252	₩33,417,985	₩65,096,493	₩123,256,173
20년	₩30,957,476	₩53,820,000	₩130,932,299	₩306,700,799
25년	₩43,419,461	₩86,677,648	₩263,351,621	₩763,169,733

(단위 : 만 원)

상담 전			상담 후		
수입	실업급여	180	수입	실업급여	180
지출	부모님 용돈	25	지출	부모님 용돈	25
	후원금	10		후원금	10
	나머지	145		청년희망	50
				주택청약	2
				용돈	43
				적금	50
	총계	180		총계	180

자산 현황(상담 전)				
상품명	누계금액	매월불입금액	금리	만기일
주택청약저축	340	10	연 2.1%	
청년희망적금	800	50	연 9%	25년 5월
S은행특판적금	275	25	연 4%	24년 10월
S은행입출금	340			
W은행 걷기적금	22			
퇴직금	800			
주식	263			
총계	2,840			

자산 현황(상담 후)				
상품명	누계금액	매월불입금액	금리	만기일
주택청약저축	340	2	연 2%	
청년희망적금	800	50	연 9%	25년 5월
MMF	637			
퇴직금	800			
주식	263			
총계	2,840			

Q

버는 족족 써서 은퇴 자금은커녕 목돈이 안 모여요

사회초년생은 일단 목돈 만드는 경험부터 해보세요

30세 J씨는 대기업에 근무하는 3년 차 직장인이다. 월급은 성과급을 합쳐서 대략 400만 원이다. 또 퇴근 후와 주말에 부업을 해서 매월 60만 원의 부수입을 올리고 있다. J씨는 재테크에 관심도 있고, 연봉도 사회초년생치고 높은 편인데 대체 돈이 모이지 않아 고민이다.

현재 부모님과 함께 거주 중이고, 5년에서 7년 이내에 전셋집이라도 구해서 독립하는 게 목표라고 하는데, 문제는 모은 돈이 턱없이 부족하다는 것이다.

소비 습관을 점검하고 목표 저축액을 정한다

J씨는 급여가 400만 원인데 절반가량인 200만 원을 신용카드 대금으로 결제하고 있다. 소비가 많다 보니 직장생활을 하는 동안 1년에 1,000만 원도 모으지 못했다. 자산 합계 3,140만 원에서 부채 1,250만 원을 차감하면 순수 자산은 1,890만 원이다. 3년 차이니 매년 630만 원을 저축한 것이란 이야기인데, 앞으로는 지출을 줄이고 저축을 늘려야 한다.

부모님과 함께 거주하니 앞으로는 월급의 최소 60% 최대 70%까지 저축하기를 권한다. 부수입을 포함한 소득이 월 460만 원이라고 하면 월 270만 원 정도 저축하면 된다. 종잣돈을 모으는 것이 모든 투자의 시작이다.

저축하는 돈의 일부를 투자 상품으로 굴려서 연평균 7% 정도의 수익률을 달성한다고 가정하면, 5년 뒤에는 2억 원에 가까운 목돈이 모이게 된다. 기간을 7년 정도로 더 늘려 투자하면 기대수익률 연 10%도 기대할 수 있다. 그러면 약 3억 3,000만 원이 모이게 된다. 2억 원에서 3억 원 사이의 돈이면 서울 시내에 혼자 살 만한 주택의 전세 자금은 충당할 수 있다.

중요한 건 목돈을 모아야 할 이유, 즉 '목표 설정'이다. 무턱대고 저축하는 게 아니라 '나는 독립 자금을 마련하겠다.', '나는 투자용 여유 자금을 마련하겠다.', '나는 결혼 자금을 마련하겠다.'

'나는 내 집 마련을 하겠다.' 등 실현 가능한 목표를 구체적으로 세우는 것이다. 목표를 세운 뒤에는 저축액을 매달 급여 통장에서 자동 이체 되도록 설정해두자. 이러면 목돈 마련의 지름길에 한발 내디딘 것이라 할 수 있다.

사회 초년생이 듣는 재테크 조언 중 흔한 것이 '일단 1억 원을 모아라.'이다. 1억 원 만들기가 왜 중요할까? 1억 원 종잣돈을 모으면 더 높은 수익률을 얻을 수 있다.

흔히 복리를 눈덩이를 굴리는 것으로 비유한다. 작은 눈덩이를 계속 굴리다 보면 집채만 한 눈덩이가 된다. 매월 270만 원씩 연이자 3~4%의 정기적금에 넣는 것과 1억 원을 복리로 운용하는 것은 매우 큰 차이가 있다.

본인이 모으고 싶은 저축액을 먼저 정하고, 목표 저축 기간을 정한 뒤 한 달 저축액을 정한다. 다만 저축 상품은 원금 비보장형과 원금 보장형을 적절히 섞어서 짜야 한다.

또 기대 목표 수익률이 높으면 원금 손실 발생 위험도 감수해야 한다. 그러니 안정적으로 5년에 연 7% 정도를 목표로 삼기를 권한다.

투자보다 대출 상환을 먼저 해야 할지 고민이다

J씨는 현재 1,250만 원 정도 대출이 남아 있는데 대출 금리가 연 4.25%이다. 주식으로 모은 돈 2,000만 원을 빚을 상환하는 데 써야 할지, 다른 금융상품에 투자해서 좀 더 높은 수익을 노려야 할지 고민이라고 했다.

J씨의 투자 성향과 목표하는 투자 수익률이 중요하다. 기존 주식으로 이미 연 10%의 수익을 얻었으므로 대출 상환 후 나머지를 투자하라고 하면 아마 J씨의 생각은 다를 듯하다.

월 100만 원씩 1년 동안 꾸준히 대출을 상환하기로 하고, 모은 돈 2,000만 원은 통상 '100 - 나이' 법칙을 적용하여 70%를 투자 자산에 가입하기를 추천한다. ELS, ETF, 주식 등 목표하는 투자 수익률에 따라 상품은 선택한다.

J씨에게 향후 투자 방향을 추천한다면?

먼저 주택청약저축을 청년우대형 청약저축으로 전환한 점을 칭찬해주고 싶다. 이 상품은 2024년 2월 판매 종료되고 좀 더 완화된 요건으로 '청년 주택드림 청약통장'이 출시되었다. 상품을 굳이 전환할 필요는 없고 그대로 유지하면서 불입 금액을 10만 원 증액하기를 추천한다. 통상 연말정산은 무주택 세대주에 해당하며 2024년부터 300만 원의 40%까지 소득공제가 가능하다. J씨는 부모님과 거주하고 있으므로 공공주택 청약시 인정하는 10만 원 불입을 추천한다. 예치금 최대한도인 1,500만 원까지는 기간을 두고 꾸준히 불입하고 30대 후반이나 40대까지 주택청약을 할 기회를 지속적으로 노려보기를 바란다.

투자 상품으로 많이 거론되는 것으로 ELS와 ETF가 있다. ELS(Equity-Linked Securities, 주가연계증권)는 개별 주식의 가격이나 주가지수에 연계되어 투자수익이 결정되는 유가증권이다. ETF(Exchange Traded Funds 상장지수펀드)는 특정지수를 모방한 포트폴리오를 구성하여 산출된 가격을 상장시킴으로써 주식처럼 자유롭게 거래되도록 설계된 지수 상품이다. 그런데 ELS나 ETF 상품은 원금 비보장형이라 투자 경험이 있는 투자자에게 적합한 상품이다.

2021년에 가입했던 ELS상품의 손실로 2024년 사회적 이슈가 될 만큼 투자자들의 자금이 반토막 난 상황이다. 하지만 위험이 존재하니 무조건 투자 상품을 가입하지 말라는 말은 아니다. 위험자산에 올인 하여 투자하는 것을 삼가하라는 의미이다.

자신의 투자 성향에 따라 위험 자산의 비율을 조정하여 가입하기를 추천한다. 저축과 투자는 투자자의 포트폴리오에 함께 포함되어야 한다.

ELS 중에서는 지수형 ELS를 추천한다. 스탠더드앤드푸어스(S&P500)지수, 코스피200, 유로스탁스 지수 등을 기초지수로 하여 보통 3년 내 연 7~8% 수익률을 지급하는 상품이다. 6개월마다 조기상환 기회가 있지만 조건이 충족되지 않으면 최장 3년까지 연장될 수 있기 때문에 투자 기간은 넉넉하게 3년으로 잡아야 한다.

ETF는 수수료가 저렴하고 매매가 자유롭다. 그런데 투자를 통해 매일 수익을 올린다는 건 쉽지 않으며 때로는 손실이 발생할 때도 있다. ETF에 투자한다면 6개월에 한 번 정도 수익률을 확인하길 바란다. 연말정산을 할 때, 여름휴가 가기 전에 한 번씩 확인한다고 정하면 기억하기 쉽다. 수익률을 살펴보고 반년에 한 번씩 포트폴리오를 조정하면 될 것이다.

[월 270만 원을 5년 동안 연 7% 운용시 약 2억 원 예상]
[월 270만 원을 7년 동안 연 10% 운용시 약 3억 3,000만 원 예상]
(단위 : 원)

년 \ 수익률	4.00%	5.00%	7.00%	10.00%
3년	₩103,433,852	₩105,069,981	₩108,440,171	₩113,751,008
5년	₩179,603,932	₩184,381,492	₩194,428,423	₩210,822,429
7년	₩262,107,017	₩272,016,059	₩293,298,232	₩329,287,514

* 저축액 270만 원: 청년희망적금 50만 원+대출원리금상환 100만 원+주택청약 10만 원+ETF투자 110만 원

상담 전			상담 후		
수입	급여 등	400	수입	급여 등	400
	부수입	60		부수입	60
지출	청년희망적금	50	지출	청년희망적금	50
	대출 원리금상환	100		대출 원리금상환	100
	신용카드대금	200		신용카드대금	150
	통신비, 교통비	30		통신비, 교통비	30
	암보험	5		암보험	8
	실비	2		실비	2
	청년우대 주택청약	2		청년우대 주택청약	10
	ETF투자	나머지 70		ETF투자	110
	총계	460		총계	460

상담 전 자산 및 부채 현황					
자산	목돈	2,000	부채	신용대출	1,250 (4.25%)
	주식	200			
	청년희망	700			
	청년우대 주택청약	240			
	총계	3,140		총계	1,250

Q

월급 240만 원이라 은퇴 자금을 준비할 여력이 없어요

퇴직금을 장기 투자용 종잣돈이라 여기고 굴려보세요

29세 S씨는 대학 졸업 후 입사한 회사에서 정규직으로 2년간 근무했으나 적성이 맞지 않아 이직하고 옮긴 회사에서 1년 근무하고 다시 퇴사하였다. 서비스직으로 일자리를 구했으나 쉽지 않아 현재는 계약직(2년)으로 근무하고 있다. 9개월 후 계약 기간이 끝나는데 생각보다 안정적인 직장을 찾기 어려워 고민이 많다. 또한 집에서 독립하고 싶어 목돈이 필요한데 안정적인 소득이 보장되지 않으니 여러 가지로 생각이 많다.

저축에는 자신 있지만 투자는 불안한 S씨

S씨는 240만 원의 급여 중 69% 이상인 165만 원을 저축하는 훌륭한 직장인이다. 아마도 부모님과 함께 거주하다 보니 생활비 지출이 없는 데다 절약하는 습관이 배어 있는 듯하다. 9개월 후 계약기간 만료라는 상황이 있지만 실업급여 150만 원 정도를 6개월간 지급받을 수 있으니 그동안 취업을 준비하면 될 것이다.

자산 9,000만 원과 9개월 후 모이는 저축 1,485만 원(165만 원×9개월)으로 1억 원 이상의 목돈을 마련할 수 있다. 이 목돈을 3년 정도 여유 기간을 두고 안정형과 수익형 상품을 적절히 배분해 포트폴리오를 구성해보는 것이 좋을듯하다.

S씨는 여유 자금 4,000만 원으로 KOSPI200 레버리지 상품에 투자하고 있다. 정기예금보다 연 1~2% 높은 연 4~5% 수익이 실현되면 환매하고, KOSPI200 지수가 떨어지는 추세를 보고 다시 재투자하는 식으로 운용해왔다고 한다. 다행히 지금까지 계속 수익을 내며 유지하고 있는데 다른 상품으로 바꿔야 하는지 궁금해했다.

S씨의 총자산을 분석해보니 9,000만 원 중 5,000만 원이 원금보장형 상품이었다. '100-나이' 법칙을 적용하여 70% 정도는 투자자산을 가입하기를 추천한다. 4,000만 원은 투자 상품을 선택하는 것도 나쁘지 않다. 다만 KOSPI200 지수가 오르고 내림에 따라 기준 없이 요행을 바라며 투자하는 것은 위험성이 아주 크다.

만약 지수 투자를 계속 이어가고 싶다면 분할매수 방식을 추천한다. 4,000만 원이니 한 달 동안 매주 수요일에 1/4금액을 분산하여 펀드나 ETF를 매입하는 방법도 있다. 국내지수만 투자하는 것보다 미국S&P지수와 50:50 비율로 투자하면 좋다. 글로벌 시장에서 미국은 50% 이상의 포지션을 차지하고 있고 한국은 2%의 포지션을 차지하고 있어서 글로벌 시장에서 으뜸인 미국 지수 투자는 좋은 선택일 듯하다. 미국의 인플레이션이 완화된다면 금리 인하 가능성이 높으므로 채권상품에 관심을 두는 것도 좋다.

투자방법	투자상품
매주 1,000만 원씩 금액 및 시간 분할 투자	ETF, 펀드
KOSPI지수 50%+S&P지수 50%	
채권상품 50%+지수상품50%	

고정 수입이 없는데 주택청약을 계속 불입해야 할까

S씨의 경우 주택청약저축을 2만 원씩 불입하고 있는데 모아둔 여유 자금이 있으므로 당분간 수입이 없더라도 10만 원으로 금액을 변경하기를 권한다. 현재 잔액이 700만 원이므로 경기도에 거

주 중인 S씨는 민영주택 청약시 모든 면적의 아파트에 청약 신청을 할 수 있는 상태이다. 하지만 40㎡를 초과하는 국민주택(공공분양)의 경우 저축금액이 많은 순, 납입 횟수가 높은 순으로 우선 선정되기 때문에 이를 충족하기 위해서 꾸준히 납입하는 것이 중요하다.

2024년 세법개정으로 주택청약종합저축 소득공제 납입 한도가 300만 원으로 상향되었다. 납입금액의 40%인 120만 원까지 연말 소득공제가 가능하니 불입액을 늘려 활용할 수도 있다. 주택청약 당첨은 아마도 10년 이후쯤 기대하면 어떨까 싶다. 현재 S씨는 미혼이며 가입일자와 가입금액 등을 보았을 때 아직 다른 청약가입자보다 순위가 낮을 것이다. 하지만 청약을 유지하며 청약에 관심을 두고 있다가 좋은 기회를 잡는 것도 자산 증액의 방법 중 하나이다.

(단위 : 만 원)

구분	서울/부산	기타광역시	기타 시/군
85㎡ 이하	300	250	200
102㎡ 이하	600	400	300
135㎡ 이하	1,000	700	400
모든 면적	1,500	1,000	500

*"지역"은 입주자모집공고일 현재 주택공급신청자의 주민등록표에 따른 거주지역 기준임

퇴직금을 어떻게 운용해야 할까

S씨는 5년 동안 3개의 회사에서 근무했다. 2년→1년→2년 동안 근무하며 받았던 퇴직금은 현재 정기예금 연 4%대에 운용되어 있다. 5년 동안 9,000만 원의 목돈을 마련한 것은 칭찬할 만할 일이다. 사회초년생은 버는 족족 소비해버리기 십상인데, S씨는 1년에 1,800만 원 정도를 모은 셈이니 확실히 저축 습관이 몸에 배어 있다고 할 수 있다. 한번 모으는 재미를 알았으니 앞으로도 목돈 만들기에 자신이 붙었을 테다.

퇴직금은 미래 S씨의 은퇴 자금이므로 개인형 IRP에 넣어서 55세 이후 노후자금으로 활용하기를 권한다. S씨는 두 개 회사에서 받은 퇴직금 1,000만 원 정도를 퇴직형 IRP에 넣어 20~25년 묶어놓는 것보다는 매년 굴리는 게 더 낫다고 생각하고 있었다. 정말 그게 나을까?

S씨는 아직 안정적인 직장을 찾지 못한 상태이다. 2~3년 후 정규직으로 취업이 된다고 가정하면 20년 정도의 퇴직금을 쌓게 된다. 50대 이후 35년간 은퇴 생활을 하게 된다. 소득 구간보다 지출 구간이 훨씬 길 것으로 예상된다. 현재 50대인 퇴직자의 경우, 64세 이후 국민연금을 수령하여 노후자금으로 활용할 수 있지만 S씨의 경우, 국민연금 수령만으로는 여유 있는 노후 생활이 어렵다. 회사를 이직하지 않았다면 5년 치의 퇴직금이 쌓여서 2개 회

사에서 나누어 받은 퇴직금보다 더 많은 돈을 수령할 수 있었을 것이다. 그만큼 꾸준한 유지가 중요하다.

이번에 세 번째 회사에서 받는 퇴직금과 이전 2개 회사에서 받은 1,000만 원을 합쳐 IRP에 넣어 장기투자를 해보기를 추천한다. 30년 이상 예치할 자금이므로 투자 상품으로 가입하여도 부담감이 적을 것이다. 9개월 후 받게 될 퇴직금 800만 원을 포함해 1,800만 원의 퇴직금을 연 10%로 20년(약 1억 2,000만 원), 25년(약 2억 원), 30년(약 3억 1,000만 원)간 운용해 노후 생활자금을 준비하도록 하자.

[퇴직금 1,800만 원을 IRP에 입금시] (단위 : 원)

수익률 / 년	7.00%	8.00%	9.00%	10.00%
20년	₩69,654,320	₩83,897,229	₩100,879,394	₩121,094,999
25년	₩97,693,788	₩123,272,554	₩155,215,452	₩195,024,707
30년	₩137,020,591	₩181,127,824	₩238,818,212	₩314,089,241

(단위 : 만 원)

상담 전			상담 후		
수입	급여 등	240	수입	급여 등	240
지출	청약저축	2	지출	청약저축	10
	정기적금	100		정기적금	100
	나머지 여유돈	65		MMF	57
	부모님 용돈	5		부모님 용돈	5
	신용카드대금	68		신용카드대금	68
	총계	240		총계	240

상담 전 자산 및 부채 현황					
자산	청약저축	700	부채	해당 사항 없음	
	개인형 IRP	1			
	정기예금	4,000			
	정기적금	299			
	입출금	4,000			
	총계	9,000			

Q

3년 후 결혼 예정인데 IRP 가입해야 할까요?

IRP는 결혼 후 배우자와 상의해 가입하세요

30대 M씨는 연봉 4,200만 원(세후 월 300만 원 정도)을 받는 중소기업 직장인이다. 대기업으로 이직하고 싶은 마음이 있어서 올해 전문 자격증을 따서 내년 즈음 이직을 계획하고 있다.

현재 가입하고 있는 적금과 이직 후 저축을 어떻게 해야 하는지, 유지 중인 보험 상품은 괜찮은지, 적정한 소비지출을 하고 있는지 등 궁금한 점이 많아 상담을 요청해 왔다. 상담을 적극 수용해 자산 관리도 적극적으로 하고 싶다는 의지가 있었다. 그리고 내년 이직 전에 최소한 5,000만 원을 모아서 3년 후 결혼자금 일부로 사용하고 싶다는 목표가 있었다.

개인형 IRP 지금 가입해야 하나?

M씨는 주위의 동기들이 연말정산 목적으로 개인형 IRP를 가입하여 세금을 환급받는다는 이야기를 듣고서 IRP 가입을 고민하고 있었다. 하지만 내년에 이직 계획도 있고 2~3년 후 결혼이라는 이벤트도 예정되어 있으므로 상품 가입을 미루기를 권한다.

연봉이 4,200만 원이라서 IRP를 900만 원 입금시 연말 정산 때 148만 5,000원(지방세 포함)의 세금을 돌려받을 수 있지만 우선적으로 결혼 자금용 목돈 마련이라는 목표에 IRP 상품은 적합하지 않다. IRP에 입금된 자금은 장기자금으로 중도 해지시 연말소득공제 받았던 금액도 환급해야 하는 유의점도 있다. 향후 3년 후 결혼의 이벤트 후 배우자와 가계 경제를 체크하고 장기플랜으로 가입하는 것을 추천한다.

이직 후 정기적금 해지해야 할까?

M씨는 급여소득 300만 원 중 73%인 220만 원을 저축하고 있다. 30대이고 3년 후에 필요한 결혼 자금을 모으기 위한 노력이 한눈에 보였다. 하지만 아쉬운 점은 보유하고 있는 모든 상품이 원리금 보장형의 정기적금뿐이고 투자 상품이 하나도 없다는 것

이다. 우선 보유 중인 상품을 살펴보자.

월복리적금은 기간 3년 중 현재 1년 3개월을 불입한 상태(잔액 1,500만 원)이며 내년에 이직을 또한 결심을 하고 있어서 중도 해지를 고민하고 있었다. 금리는 연 3.34%이지만 월복리이므로 다른 적금보다는 매력적이기는 하다. 하지만 아직도 만기가 21개월이나 남아 있고 내년에 이직을 계획 중이라서 중도 해지도 고려해 볼 만하다.

예를 들어 현재 정기적금 잔액 1,500만 원을 15개월 동안 연 4% 운용하는 것과 매월 100만 원씩 불입하는 적금과는 만기시에 34만 7,423원의 이자 차이가 발생하기 때문이다.

(단위 : 원)

구분	금액	금리	기간	수령액(세금 전)	비고
거치식	15,000,000	4%	15개월	15,753,713	–
적립식(월복리)	1,000,000	4%	15개월	15,406,290	+347,423

자유적금은 4.08% 적용이며 불입금이 자유롭기 때문에 내년 이직 전까지는 당분간 210만 원을 납입하면 될 것이다. 투자 상품을 보유하고 있지 않아서 아쉽기는 하지만 '이직'이라는 이벤트가 있기 때문에 내년에 안정적인 직장으로 옮긴 후 투자 상품 비중을

높여보기를 추천한다. 정기예금이나 정기적금 등의 원리금 보장 상품은 단기 상품인 반면 투자 상품은 장기 상품으로 여유 기간을 두고 투자해야만 손실 위험을 줄일 수 있기 때문이다.

주택청약종합저축은 서울특별시에 거주 중으로 최대 1,500만 원까지만 불입하면 모든 평형의 주택을 청약할 수 있으므로 불입을 중단하여도 되고 아직 지방에 주민등록 주소를 두고 있는데 연말정산 소득공제 및 청약시점 세대주로서 1순위와 지역우선 청약이 있음을 감안하여 주소를 서울로 옮기는 것을 추천한다. 2024년 3월 주택청약시 세대주 요건이 변경되었는데, 투기과열지구(용산, 서초, 강남, 송파)의 경우 세대주이어야 하고 나머지는 세대원도 청약이 가능하다.

보험상품 분석을 한다면?

M씨는 실손보험 5만 원과 종신보험 5만 원을 납부하고 있는데 아직 30대 초반으로 과연 보험이 필요할까 의구심을 가지고 있지만 통상 보험은 급여의 10% 이내에서 불입하는 것을 권한다. 급여 대비 보험료가 많은 것은 아니므로 보유 중인 보험을 리모델링할 필요성은 없다.

종신보험은 지인에게 소개 받은 상품이라 꼼꼼히 보장 내용을 챙겨보지 못했다던 M씨는 이번 기회에 그 내용을 확인해볼 수 있었다. 납입은 55세이고 보장은 80세까지이며 불입한 보험료 대비 보장 내용이 훨씬 우수하여 보유하기로 했다. 실손보험은 회사와 중복되기는 하지만 비례보상처리가 가능하여 보유로 인한 추가 손해는 없는 것으로 판단된다. 보험에 대한 보장을 더 강화하고 싶다면 3년 후(결혼 후) 안정적인 소득구조를 이룬 후 가입하기를 추천한다.

M씨의 적정 소비는?

M씨의 본가는 지방이고 현재 동생과 서울에서 자취생활을 하고 있다. 자취집은 전세여서 주거비에 대한 지출은 발생하지 않는다. 급여 300만 원 중 저축을 제외하고 80만 원(27% 비중)을 소비하고 있는 M씨는 씀씀이가 알뜰살뜰하다고 할 수 있다.

M씨는 3년 후 1억 5,000만 원을 모으려고 열심히 절약 중이다. 내년 이직 후에는 청약 1,580만 원, 그동안 모은 목돈 3,300만 원은 수익률 연 4~7% 가정시 3년 후 3,700~4,000만 원 가능하고, 매월 210만 원씩 불입한 경우 수익률 연 7% 가정시 약 8,430만 원이 가능하여 1억 4,000만 원의 목돈을 예상할 수 있다. 목표와는 다소 차이가 있지만 투자 기간이 3년이고, 보수적인 M씨의 투

자 성향을 감안하여 안정형과 수익형의 비율을 조정한 포트폴리오를 구성하였으며, 연 7%를 가정하였기 때문에 더 공격적으로 운용하는 것보다는 모으는 기간을 더 늘리는 것을 추천한다.

M씨의 포트폴리오
안정형(23%)×적용 수익률(연 4%)+수익형(77%)×적용수익률(8%)
→ 수익률 연 7% 예상.

신용카드만 사용하고 있는데 더 추가적인 절약법은?

M씨는 신용카드를 매달 80만 원 정도 사용하고 있다. 코로나로 3년 동안 여행을 가지 못해서 친구들과 여행도 빈번히 가다 보니 체크카드보다는 신용카드를 더 많이 사용하게 되었다. 아무래도 입출금 통장에 여유자금이 없어서 신용카드를 활용하고 있는 듯하다.

앞으로 4개월간 매월 20~30만 원씩이라도 줄여보자. 그러면 M씨는 약 80만 원으로 한 달 신용카드비를 아끼는 셈이나 마찬가지이다. 신용카드비를 줄였다면 그다음에는 체크카드를 사용하여 연말정산 혜택을 챙기기를 권한다. 교통비도 알뜰교통카드나 서울시 대중교통 무제한 이용 카드를 활용하여 할인을 받도록 한다. 또한 제로페이나 서울페이를 충전하여 사용하는 경우 2024년 기준 5% 할인도 가능하고 연말정산에 30% 소득공제도 가능하다. 티끌모아 태산이라고 소소한 지출과 연말정산 소득공제로 환급받아 신용카드 대금을 줄여보는 노력을 해보도록하자.

[적립식 월 2,100,000/연 7%/3년] (단위 : 원)

년 \ 수익률	3.00%	5.00%	7.00%	10.00%
1년	₩25,613,277	₩25,893,037	₩26,176,238	₩26,607,590
2년	₩52,005,607	₩53,110,810	₩54,244,759	₩56,001,343
3년	₩79,200,685	₩81,721,096	₩84,342,355	₩88,473,006

[거치식 33,000,000/연7%/3년] (단위 : 원)

년 \ 수익률	4.00%	5.00%	6.00%	7.00%
1년	₩34,320,000	₩34,650,000	₩34,980,000	₩35,310,000
2년	₩35,692,800	₩36,382,500	₩37,078,800	₩37,781,700
3년	₩37,120,512	₩38,201,625	₩39,303,528	₩40,426,419

(단위 : 만 원)

상담 전			상담 후		
수입	급여 등	300	수입	급여 등	300
지출	청약저축	10	지출	청약저축	–
	월복리적금	100		월복리적금	–
	자유적금	100		자유적금	210
	보험료	10		보험료	10
	신용카드	80		체크카드	80
	총계	300		총계	300

상담 전			상담 후(즉시 실행)		
자산	청약저축	1,580	자산	청약저축	1,580
	월복리적금	1,500		저축은행예금(4.1%)	1,500
	자유적금	1,870		자유적금(4.08%)	1,870
	총계	4,950		총계	4,950

Q 

사회초년생이라 은퇴는 너무 먼 이야기 같아요

부수입을 장기 투자한다는 마음으로 시작해보세요

27세 X씨는 천안 소재의 중소기업에서 근무한 지 2년이 되었다. 전문대학 전기과를 졸업 한 후 바로 취업해서 아직 대학생인 친구들에 비해 일찍 사회생활을 시작한 셈이다. X씨의 바람은 금융 재테크를 해서 30세 전에 적어도 1억 원의 종잣돈을 마련하는 것이다. 그런데 3년 차에 접어드니 지금 회사는 승진에 한계가 있는 게 보여 고민이다. 아무래도 4년제 대학에 대한 미련도 있다 보니 편입해서 더 공부하고 싶은 마음도 있다. 한번 자산 관리를 점검해보니 현재 운용중인 상품 대부분이 원금 보장형이었다. 어떤 식으로 포트폴리오를 짜야 할까.

장기 목표를 위해 소비 패턴을 점검한다

X씨는 4년제 대학 편입을 고민하고 있다. 학점은행제에 과목을 이수하여 4년제 대학 졸업을 목표로 인터넷 강의 수강을 하고 있다고 한다. 그렇다면 4년제 대학 졸업장을 받은 후 회사를 그만두는 것보다는 천안 근처의 대학원을 목표로 준비해보기를 추천한다. 실제로 회사를 다니며 석사뿐 아니라 박사까지 공부하는 직장인이 많다.

X씨는 이직을 고려 중이지만 현재 직업이 적성에 맞는다고 한다. 전기과이므로 전문 인력으로 얼마든지 인정이 가능한 직업군이다. 관련된 과가 있는 전문대학원을 선택하여 진로를 고려해봐도 늦지 않을 테다. 2년 후 석사를 마쳐도 여전히 20대이므로 얼마든지 더 나은 조건으로 이직할 수 있을 것이다.

X씨는 체크카드를 매달 100만 원씩 지출하고 있다. 일단 신용카드가 아닌 체크카드를 사용하는 것은 칭찬해주고 싶다. 급여일에 신용카드 대금을 납부하고 나면 한 달 생활비가 없어서 다시 신용카드를 사용하는 악순환에 빠진 20~30대 직장인이 상당하다. 반면 X씨는 통장잔액 내에서 인출되는 체크카드를 사용함으로써 연말정산 혜택도 신용카드의 소득공제율 15%보다 2배 높은 30%의 소득공제율을 적용받고 있다.

다만 대학원 학비와 같은 예비 자금을 마련해야 하므로 조금씩 지출을 줄여 나가기를 권한다. 지출을 줄인다는 것은 쉽지 않기 때문에 첫 달에 10%를 줄여보고 점차적으로 3개월마다 5% 단위로 줄여본다.

또 하나 팁을 준다면, 지출 10만 원을 줄여서 투자 상품에 불입해보자. 1년이 지난 후 수익률을 체크해보면 '소비 패턴을 줄여 통장 잔고가 얼마나 늘어났는지'를 한눈에 알 수 있어 훌륭한 동기부여가 될 것이다.

적금 위주의 자산 형성, 이대로 괜찮을까

X씨는 고정적으로 150만 원을 저축하는데, 이는 월급 대비 55%이므로 비교적 안정적으로 자산을 형성하고 있다 할 수 있다. 하지만 20대 후반인데도 투자 상품이 전혀 없다는 것이 아쉬웠다. 30세 전에 1억의 종잣돈을 마련하고 싶다는 X씨. '100-나이' 법칙을 적용하여 저축률을 70%로 올리고 3년이라는 목표 기간을 정해 투자 상품으로 포트폴리오를 변경하기를 추천한다.

청년희망적금은 연 최고 10%까지 금리효과를 볼 수 있는 상품이니 만기까지 유지하고, 만기 자금은 청년도약계좌로 넣는다. 청년도약계좌는 청년희망적금의 만기 이후에 가입할 수 있는 상품으로 청년들의 장기적인 자산 형성을 지원하는 정부정책의 일환이다. 청년도약 계좌는 2024년 12월까지만 가입할 수 있으며, 5년 동안 70만 원씩 불입하면 원금 4,200만 원, 정부기여금과 은행이자(2024년 7월 기준 약 6%, 3년 고정금리 이후 변동금리), 이자 비과세를 합하여 약 5,000만 원 내외의 목돈을 마련할 수 있다.

기타 은행에 불입하는 적금 100만 원과 카드사용 10만 원을 줄여서 주택청약저축, ISA계좌, 미국채권과 미국시장의 대표지수인 인덱스와 나스닥 상품으로 포트폴리오를 짜보았다.

주택청약저축을 가입하면 연말정산도 불입액의 40% 소득공제 혜택을 받을 수 있다. X씨는 연봉 3,600만 원 이하이므로 2024년 2월에 출시된 청년주택드림 청약통장에 가입할 수 있다. 일반인이 가입하는 주택청약통장보다는 금리 우대가 적용이 되고 자격요건이 맞는다면 비과세도 가능하다. ISA계좌는 5~6개 이상의 펀드상품으로 구성되어 있으며 투자 성향에 따라 유형을 선택할 수 있다. 투자 상품 경험이 없는 점을 고려해 미국시장의 채권형, S&P지수, 나스닥 지수 등 인덱스 상품을 구성해보았다. 아무래도 적극적인 주식형 상품보다는 지수형 상품으로 투자 상품의 수익을 실현해보는 편이 나을 테다.

X씨가 현재 보유 중인 예금 잔액은 2,400만 원으로 매년 1,200만 원의 자금을 모은 셈이다. 3년 후 1억 원의 목표를 위해서는 매월 190만 원을 연 7%로 운용하면 7,630만 원이 모일 것으로 예상된다. 여기에 보유금액 2,400만 원을 정기예금+@(2024년3월 기준

정기예금금리 연 3.6%)인 연 5%로 운용하면 2,770만 원이 예상되어 원하는 금액 1억 원을 마련할 수 있을 것이다.

급여 외의 부수입도 계획을 세워 관리한다

X씨는 유동적으로 지급받는 출장비를 활용하고 싶어 했다. 출장비는 유동자금이므로 금융 상품에 활용하려면 유동성을 고려해야 한다. 현재 CAM계좌에 입금하는 80만 원을 50만 원으로 줄여 그 차액 30만 원과 출장비를 합쳐 포트폴리오를 짜도록 한다. 그러면 만약을 출장비가 줄거나 받지 못한대도 포트폴리오를 유지할 수 있다. CMA계좌는 비상예비자금 명목으로 3개월분 급여를 유지하고 계좌 잔액이 800만 원을 초과하면 그 금액은 분할해 투자성 상품군에 불입함으로써 추가 수익을 추구한다.

한편 X씨는 어머니 카드를 매달 30만 원 정도 사용하고 있었다. 본인의 급여로 착실히 저축하고는 있으나 회사원으로서 수입이 발생한 지 2년이나 되었는데도 어머니로부터 30만 원의 용돈을 받고 있다니 조금 씁쓸하기는 하다. 이를 용돈으로 소비하기보다 부수입으로 생각해 장기 투자하기를 권한다.

개인형 IRP계좌를 만들어서 꾸준히 불입하면 미래의 은퇴 자금으로 활용할 수 있다. 매달 30만 원씩 연 360만 원을 불입한다면

5,500만 원이하 근로자로서 16.5%인 59만 4,000원의 세액공제 혜택을 받을 수 있다. 환급받은 금액을 다음 해에 IRP계좌에 추가 입금해 일석이조의 혜택을 누려보자. 다만 개인형 IRP계좌는 중도 해지하는 경우 세액공제를 받았던 금액 및 운용 수익에 대해서 기타소득세(16.5%)가 부과된다. 만약 불입할 여유가 없더라도 불입금을 자유롭게 변경할 수 있으므로 가능하면 해지하지 않는 것이 좋다.

[목돈 2,400만 원을 3년 동안 연 5% 운용시 약 2,770만 원 예상]

(단위 : 원)

년 \ 수익률	4.00%	5.00%	6.00%	7.00%
3년	₩26,996,736	₩27,783,000	₩28,584,384	₩29,401,032
4년	₩28,076,605	₩29,172,150	₩30,299,447	₩31,459,104
5년	₩29,199,670	₩30,630,758	₩32,117,414	₩33,661,242

[월 190만 원을 3년 동안 연 7% 운용시 약 7,630만 원을 예상]

(단위 : 원)

년 \ 수익률	4.00%	5.00%	7.00%	10.00%
3년	₩72,786,785	₩73,938,135	₩76,309,750	₩80,047,006
4년	₩99,052,319	₩101,147,983	₩105,509,451	₩112,502,507
5년	₩126,387,952	₩129,749,939	₩136,820,001	₩148,356,524

(단위 : 만 원)

상담 전			상담 후		
수입	급여 등	270	수입	급여 등	270
	출장비	60		출장비	60
	엄마카드	30		엄마카드	30
지출	청년희망적금	50	지출	청년희망적금	50
	기업적금	50		주택청약	10
	기업적금	30		개인형 IRP	30
	신한적금	20		ISA계좌	50
	휴대폰/기타	10		미국채권	30
	자동차할부	20		미국인덱스	10
	체크카드	100		미국 나스닥	10
	K증권CMA	80		휴대폰/기타	10
				자동차할부	20
				체크카드	90
				K증권CMA	50
	총계	360		총계	360

상담 전 자산 및 부채 현황				
자산	청년적금	1,200	부채	해당 사항 없음
	기업적금	250		
	기업적금	300		
	신한적금	200		
	CAM	450		
	총계	2,400		

Q

퇴직금이 없는 프리랜서는 어떻게 해야 하나요?

수익의 10%는 개인형 퇴직연금에 넣으세요

30세인 Y씨는 컴퓨터 그래픽학과를 졸업하고 현재 영상 관련 회사에서 계약직으로 근무하고 있다. 지금 하는 일과 다른 일을 직업으로 삼고 싶은 바람이 있다. 대학생 때 어학연수를 1년 정도 다녀와서 영어 프리토킹을 구사할 수 있고 주말에는 영상 관련 아르바이트를 하여 부수입을 창출하고 있다. 현재 근무하고 있는 직장은 앞으로 1년 후 계약 만료 예정이라 부지런히 미래의 직업을 찾아야 하는 상황이다.

다른 30대 친구들은 적성에 맞는 직업을 찾아 안정적으로 경력을 쌓아가고 있는데……. 절실함이 부족해 지금껏 방황하고 있는 것 같다고 Y씨 스스로도 자조했다. 이번 기회에 소비 패턴을 점검해보고 저축을 늘려 미래 여유 자금 준비를 시작하고 싶다.

미래를 위해 지금 당장 소비 절제가 필요하다

Y씨는 대학 2학년 때 캐나다에 어학연수를 1년 다녀와서 영어 대한 자신감이 있다. 미래의 직업으로 여행 가이드에 관심이 있어 준비를 시작할 생각이다. 그러려면 첫 단계로 소비 패턴을 점검할 필요가 있다.

Y씨는 본인 소득의 60%를 신용카드 대금으로 지출하고 있다. 수입과 지출을 체크해본 Y씨 본인도 깜짝 놀랐다. 한 번 결제할 땐 소액이었던 신용카드 대금이 쌓이니 월 185만 원이나 되었던 것이다. 더욱이 출금되는 계좌가 마이너스 통장이었던 탓에 이미 부족한 대금이 대출로 나가 있었다. 25세부터 직장생활을 시작해 5년 차인데 보유하고 있는 현금은 2,300만 원이었다. 매년 500만 원도 모으지 못한 것이다. 가장 큰 원인으로 Y씨는 미래보다 현재의 생활을 즐긴 것이라고 꼽았다.

우선 신용카드 대금을 줄여 영어 학원비와 여행 가이드 관련 자격증 학습비용을 충당하기를 제안한다. 신용카드 대금의 대부분이 주말에 사용한 비용이었다. 또 평일 저녁에는 자주 친구들과

와인바를 이용하는 지출이 있었다. 스트레스 해소라는 명목으로 친구들과 함께 놀러 다닌 비용이다. 월 4회의 나들이를 2회로 줄이고 나머지 시간에는 영어와 자격증 공부를 위해 투자하면 어떨까. 영어학원과 자격증 학원에 다니게 되면 자연히 친구들과의 만남도 줄어 자연스레 지출이 줄어들게 될 것이다.

신용카드 대금 줄이는 것 말고도 Y씨의 결단이 또 한 번 필요하다. 바로 마이너스 통장의 대출 해결이다. Y씨는 주변 친구들이 주식으로 돈을 많이 벌었다는 얘기를 듣고 코스닥 상장 종목을 10개 이상 매입하였다. 초창기에는 수익 실현이 되었으나 4년이 지난 지금은 3분의 2 이상이 40% 이상 손해가 나서 매도도 못 하고 그저 보유하고 있다. 살펴보니, 대부분이 중·소형주라 언제쯤 수익이 실현될지 예상하기 어려운 종목이었다. 2개의 금융기관에서 사용하고 있는 마이너스 통장은 연 4%, 연 6% 대출 금리로 이자를 지출하고 있었다. 주식을 과감하게 손절하고 마이너스 대출을 상환하는 것이 바람직하다. 이참에 마이너스 통장을 없애고 신용카드 대금에 민감해질 필요가 있다. 마이너스 통장을 가지고 있으니 아무래도 신용카드 대금이 부족하여도 걱정 없이 소비했을 것이다.

주식 매도 대금 일부 잔액인 1,000만 원은 MMF에 예치해두고 비상 예비 자금으로 활용하기를 권한다. 통상 비상 예비 자금은 급여의 3개월~6개월 치 금액을 보유하고 있으면 좋다. Y씨는 계약 만료가 1년 남아 있으므로 고정적인 소득이 있을 때까지는 예비 자금이 필요한 상황이다.

미래를 내다보고 포트폴리오를 짠다

Y씨는 주택청약통장 불입한 지 오래되었으므로 계속 유지하는 것이 좋다. 만약 소득이 줄더라도 2만 원부터 자유롭게 불입이 가능한 상품이므로 최소 금액으로 줄여서라도 납입하기를 권한다. 2024 년2월 청년주택드림 청약통장이 출시되었는데 주택청약통장을 이 통장으로 전환하는 것을 추천한다. 청년주택드림 청약통장은 25년 12월 31일까지 가입 기한이 있는 통장으로 만 19~34세 이하인 거주자 중 가입자 본인이 주택을 소유하지 않은 무주택자이며 근로소득자의 경우 직전 년도 총급여액이 5,000만 원 이하이면 가능하다. 추가적으로 총급여액이 3,600만 원이고, 무주택 세대주인 경우 비과세 혜택이 있는데, Y씨는 현재 자취하고 있고, 총급여액도 3,600만 원 이하라서 전환이 가능하다. 이 통장의 기본 금리는 2024년 7월 현재 2.8%와 가산금리 1.7%를 추가하여 4.5% 적용되며 은행에 방문해 전환 처리 하면 된다.

Y씨는 회사를 3번 정도 이직했다. 그때마다 퇴직금을 받았지만 300만 원 이하의 소액이라서 특별하게 퇴직금으로 구분하지 않고

소비했다. 개인형 IRP를 개설하여 3개의 회사에서 받은 퇴직금을 계속 불입했다면 목돈이 되었을 텐데 안타까웠다. 현재의 소비보다는 미래의 여유를 위하여 1년 후 세 번째 회사의 퇴직금이 나오면 개인형 IRP 계좌를 만들어 다양한 상품군으로 운용해보기를 추천한다. Y씨처럼 고용이 안정적이지 않은 직업군이나 프리랜서에게는 개인형 IRP는 꼭 필요한 상품이다.

(단위 : 만 원)

상담 전			상담 후		
수입	급여 등	250	수입	급여 등	250
	기타수입	50		출장비	50
지출	청년희망적금	30	지출	청년희망적금	30
	주택청약저축	10		청년주택드림	10
	전세자금 이자	30		전세자금 이자	30
	할부금	30		할부금	30
	신용카드 대금	185		신용카드 대금	115
	공과금	15		공과금	15
				자기계발비	70
	총계	300		총계	300

상담 전 자산 및 부채 현황					
자산	전세자금	19,000	전세자금대출	16,000	금리 2.1%
	주택청약저축	300	자동차 할부금	2,300	
	적금	300	마이너스(A은행)	300	4%
	주식	2,000	마이너스(B은행)	700	6%
	총계	21,600	총계	19,300	

Q

5년 은퇴 후 200만 원 생활 자금이 가능할까요?

국민연금 조기 수령은 신중하게 결정하세요

56세인 H씨는 대기업에 근무하였으나 20년 전 퇴직해 전업주부로 생활하다 아이들이 성인이 되어 5년 전부터 직장생활을 다시 시작했다. 현재 근무하는 사무실은 1년 후에 퇴직할 계획이다. 일요일에는 파트타임으로 일하며 아르바이트를 하고 있다. 퇴직 후 실업급여를 몇 개월 받고 특별한 이슈가 없으면 최대한 60세까지는 일을 할 계획이다. 아들 둘은 취직해서 각자 급여소득자로서 자산을 모으고 있으나 그래도 부모로서 결혼 자금을 준비해 줄 생각이다. 남편은 3년 전 퇴직 후 경매를 공부해 소형빌라 임대주택을 매입해 임대 수익을 창출하고 있다. 앞으로도 남편은 임대 수익으로 생활비를 충당할 계획이다. H씨는 은퇴 생활 자금으로 월 200만 원을 희망하고 있다. 이대로라면 5년 후 H씨의 바람은 이루어질까.

급여소득이 있는 자녀를 위한 포트폴리오 수정

H씨는 29세, 25세 아들 앞으로 청약저축을 40만 원(각각 20만 원) 불입하고 있었다. 두 아들 다 급여소득이 있으므로 자녀 청약저축은 아들들이 불입하도록 건네주어야 한다. 이미 성인이 되었고 잔액이 1,000만 원 정도이니 앞으로는 10만 원씩 불입하여도 서울 지역의 최고 예치금인 1,500만 원은 4년 후면 도달 가능하다. 만약 자금의 여유가 있다면 2024년도부터 연간 300만 원까지 연말정산 소득공제 한도가 증액되었으니 매월 25만 원씩 불입하여도 된다. 자녀 주택청약저축에 넣었던 돈으로는, H씨의 소득이 지속적으로 유지된다는 전제하에 5년 이상 저축이 가능한 투자 상품에 가입하기를 추천한다.

H씨 부부는 두 아들의 결혼 자금을 마련해주고 싶은 바람이 있다. H씨의 자산 상황을 살펴보면 전체 자산의 6.7%가 금융 자산이고 나머지는 부동산이다. 전형적인 한국의 50대 후반 자산 상황이라 할 수 있다. 3년 전 남편이 소형빌라를 투자할 때 H씨의 여

유 자금 1억 2,000만 원이 들어갔다. 그때부터 금융 자산 비율이 낮아졌다. 은퇴가 머지않은 상황이니 금융 자산 비중을 50% 정도로 높여야 한다.

H씨 부부가 보유하고 있는 주택 현황을 보면 자택(6억 원), 아파트 임대주택(4억 5,000만 원[보증금 1억 원/월 임대료 40만 원]), 소형빌라 임대주택 3채(각 5,000만 원씩 총 1억 5,000만 원[보증금 1.2억 원/월 임대료 50만 원])이다. 두 아들의 결혼 자금은 아파트 임대주택을 처분해 마련하기를 추천한다. 두 아들이 결혼하기 전까지는 아파트 매매자금이 금융 자산의 비중을 높일 수 있는 유일한 방법이다. 소형빌라는 향후 소득이 없을 때 월 임대료를 지속적으로 받을 수도 있고 금액이 5,000만 원 이하라서 유동 자금이 필요할 경우 매매가 용이하니 유지하는 것이 좋다.

연 1~2회 부부끼리 여행을 하고 싶은데 경비 마련은?

H씨는 아이들을 키우면서 여행을 제대로 다니지 못해서 5년 후 은퇴하면 남편과 함께 여행을 하고 싶다고 했다. 굳이 5년 후로 미루지 말고 지금부터라도 1년에 한 번 부부 여행을 하면 어떨까. 60세 이후 건강이 허락하지 않을 수도 있고, 50대의 감성과 60대의 감성이 완전 다르니 여행은 하루라도 빨리 가기를 추천한다.

여행 자금은 자녀청약저축 40만 원과 보험료 10만 원을 줄여서 50만 원으로 상품을 가입해 마련한다. H씨는 주변 지인의 추천으로 2개월 전 종신보험 20만 원을 신규 가입하였다. 그런데 보유하고 있는 실손보험, 암보험, 상해보험 등의 보장을 분석해보니 섣부른 결정이었던 것 같다. 소득 대비 보험료는 5~10% 이내 불입하는 것이 좋고 보험료가 가장 높은 시기에 종신보험을 가입하였으므로 해지를 고려해보아야 할 것이다.

H씨는 이미 매월 75만 원씩 개인형 IRP를 불입하여 연간 900만 원 한도 내 연말정산 혜택을 받고 있으므로, 50만 원으로는 임대사업자인 남편 명의의 개인형 IRP 상품을 가입하는 것을 추천한다. 매년 600만 원씩 연말정산 혜택을 받을 수 있고 종합소득이 4,500만 원 이하라면 16.5%인 99만 원을 환급받을 수 있다. 매월 50만 원씩, 기간 5년, 수익률 연 7%를 가정한다면 3,600만 원의 종잣돈을 마련할 수 있다. 매년 99만 원씩 5년 동안 환급받는 것까지 고려한다면 약 4,100만 원을 마련할 수 있다. 이 자금은 60세 이후 10년 동안 연금으로 수령하면 연금 소득세 5.5%의 낮은 과세를 적용받는다. 개인형 IRP 내에서 상품 운용은 5년 동안 불입 계획이니 주식과 채권(예금) 비중을 '100-나이' 법칙을 적용해 4:6으로 가져가기를 추천한다.

근로소득이 감소하니 국민연금을 조기 수령해야 할까

H씨는 60세 이후 근로소득이 없어지고, 115만 원(임대료 50만 원, 배우자 연금저축 65만 원) 고정적인 소득이 유지된다. 남편은 은퇴 후 약 150만 원의 국민연금을, H씨는 은퇴 후 약 50만 원의 국민연금을 수령하게 된다. 남편의 국민연금을 연 6%의 할인율을 적용하여 59세부터 조기 수령이 가능하다.

국민연금 조기 수령 지급률은 70%를 시작으로 매년 6%씩 증가하는 방식으로 구성되어 있다. 남편의 국민연금을 60세에 수령한다고 가정하면 약 114만 원 수령 가능하므로 조기 수령하고 월 임대료와 연금저축소득을 포함하면 약 229만 원의 고정 수입이 가능하다.

2023년 KB금융지주 경영연구소의 연구보고서 「노후 준비 진단과 거주시 선택 조건」에는 부부 2인 가구 기준으로 월 369만 원이 적정한 생활비이며 최소 생활비는 월 251만 원이라고 나와 있다. 이것이 정답이란 말은 아니다. 퇴직 후의 생활비는 부부의 소비 패턴과 거주 지역의 물가에 따라 다르다. 기본적으로 금액보다는 부부의 생각이 가장 중요하다. 월 1,000만 원의 생활비가 주어진다고 해도 부족하다고 생각하면 빈곤한 노후 생활이 되는 것이고, 229만 원을 여유로운 생활비로 생각한다면 그것만으로도 행복한 노후 생활이 될 수 있다. 국민연금의 조기 수령에 따라 36만 원의 생활비가 줄어든다는 것을 인지하고 H씨 부부가 서로 의논해 선택하면 될 듯하다.

[월 50만 원을 5년 동안 연 7% 운용시 3,600만 원 예상]

(단위 : 원)

년 \ 수익률	4.00%	5.00%	6.00%	7.00%
3년	₩19,154,417	₩19,457,404	₩19,766,393	₩20,081,513
4년	₩26,066,400	₩26,617,890	₩27,184,161	₩27,765,645
5년	₩33,259,987	₩34,144,721	₩35,059,440	₩36,005,263

(단위 : 만 원)

상담 전			상담 후		
수입	급여 등	350	수입	급여 등	350
	임대료	90		임대료	90
	배우자 연금저축	65		배우자 연금저축	65
지출	자녀청약저축	40	지출	보험료	50
	보험료	60		식비	150
	식비	150		통신비 및 공과금	50
	통신비및공과금	50		경조사/모임회비	50
	경조사/모임회비	50		개인형 IRP	75
	개인형 IRP	75		배우자 개인형 IRP	50
	의료비 포함 기타	80		의료비 포함 기타	80
	총계	505		총계	505

상담 전 자산 및 부채 현황					
자산	부동산	120,000	부채	임대보증금	10,000
	자녀청약저축	2,000		임대주택보증금	12,000
	개인형 IRP	1,600			
	정기예금	1,500			
	파킹통장	1,200			
	입출금	700			
	총계	127,000		총계	22,000

Q

20대인데 연령별 목돈 플랜을 세우고 싶어요!

은퇴 자금 준비는 빠를수록 좋아요

20대 후반인 G씨는 대학 전공과는 무관하지만 금융기관서비스 업종에 근무하고 싶은 바람으로 1년 전부터 금융 관련 자격증 취득에 힘쓰고 있다. 재무설계사(AFPK), 은퇴설계전문가(ARPS), 펀드투자상담사 등 다양한 금융관련 자격증을 보유하면서 금융서비스업에 흥미가 있음을 실감했다. 그리고 마침내 금융기관의 계약직으로 이직해 현재 근무하고 있다. 경기 외곽이 자택이라 서울 시내 회사 근처에 자취하면서 정규직으로 이직 준비를 하고 있는데 도무지 여유 자금이 만들어지지 않아 고민이다.

자취를 하면서 고정 비용이 늘어 불안하다

G씨는 6개월 전 처음으로 원하던 업종에 취업했다. 하지만 계약직이라 정규직으로 이직을 희망했고 경기 외곽의 자택에서 서울 회사로 출퇴근하며 틈틈이 자격증 공부를 했다. 그러다 출퇴근 시간을 줄이고 공부 시간을 늘릴 생각으로 3개월 전부터 회사 근처에서 자취를 시작했다.

전세보증금 5,000만 원에 월세 40만 원의 빌라에서 거주하는데, 부모님이 빌려준 500만 원과 전월세 대출 4,500만 원으로 보증금을 마련했다. 전세대출 금리는 연 4%로 매월 15만 원씩 이자를 내고, 부모님이 빌려준 돈은 매월 50만 원씩 상환하고 있다. 그것 외에는 저축을 전혀 못하고 있는 상황이다.

자취를 하니 고정 비용만 65만 원(월세 40 + 대출금 이자 15 + 관리비 10)이고, 친구들과 자주 만나지도 않는데 식사비와 기타 생활비가 평균 125만 원이 나왔다. 돈을 모을 수가 없다 보니 G씨는 괜히 자취를 시작했나 싶은 마음도 들었다. 금융 지식이 있다 보니, 만약 자택에서 거주하면서 매월 65만 원을 3년 동안 연 6% 수익률로 굴린다면 약 2,569만 원의 종잣돈을 마련할 수 있단 게 뻔히 보였기 때문이다. 정말 목돈을 마련할 방법이 없을까? 한번 살펴보자.

G씨에게는 부모님이 불입해준 주택청약저축이 있다. 이제 근

로소득이 있으니 G씨가 불입하는 것이 맞는다. 신용카드 대금을 줄여서 매달 10만 원씩 불입하자. 다만, 2024년 2월 출시된 청년 주택드림 청약통장으로 전환하기를 추천한다. 만 19~34세 이하 거주자 중 가입자 본인이 무주택자이며 근로소득자로서 직전 년도 총급여액이 5,000만 원 이하이면 전환이 가능하다. G씨는 비과세 혜택 요건(총급여액 3,600만 원, 무주택 세대주)에도 해당하니 상품을 전환하는 것이 득이다.

또 G씨는 신용카드 대금 결제 계좌가 급여통장이었고 잔액이 350만 원이 있었다. 계획적인 자산 설계를 위해 하나 더 팁을 준다면, 생활비 전용 체크카드와 별도의 결제 계좌를 만들어 생활비 70만 원만 넣고 써보자. 그렇게 우선 한 달을 지내보는 것이다. 급여 통장의 여유 자금은 MMF 통장을 만들어 옮겨 놓고 가능하면 꺼내 쓰지 않도록 하자. 부모님한테 빌린 300만 원은 6개월이 지나면 상환이 완료되므로 그 이후 자산 상태를 점검한 후 상품 가입을 고민해보기를 바란다.

금융관련 자격증뿐 아니라 부동산에도 관심이 있다

G씨는 AFPK(Associate Financial Planner Korea)를 취득하고 있는데 이 자격증은 개인 재무설계 서비스를 제공할 수 있는 자격증

이다. 금융기관 직원들이 고객 상담을 위하여 많이 취득하고 있는 자격증이다. AFPK 자격증을 소지하고 있으면 CFP(Certified Financial Planner) 시험을 볼 수 있는 자격이 갖추어진다. CFP는 재무목표를 달성 할 수 있게 도와주는 금융주치의로서 투자설계, 보험설계, 은퇴설계, 세금설계, 상속설계, 부동산 설계 및 종합재무설계를 수행하는 사람들을 일컫는다. 공부하기로 마음먹고 자취를 시작했으니, 초심을 잃지 말고 더 나은 직장으로 이직을 위해 CFP 시험을 준비해도 좋을 듯하다.

5년 전에 함께 근무했던 직장 동료를 보며 부동산에 관심을 갖게 되었다. 그 직원은 목돈을 모으면서 꾸준히 뉴스나 기사를 챙겨보며 부동산 시장의 흐름을 주시했고 주말에는 자신이 살고 싶은 지역에 임장하면서 중개사무소에 들러 주변 시세를 조사했다. 소액부터 차근차근 투자를 시작하더니 5년이 지난 지금은 결혼 후 경기도에 아파트를 마련했다.

어느 재테크든 시드머니도 중요하지만 그 분야에 깊은 지식을 쌓아야 기회가 올 때 잡을 수 있다. 부동산 투자도 마찬가지이다. 부동산 투자 전문가들은 늘 '발품을 팔아야 한다.'라고 조언한다. 우선 주말에 거주지 근처 중개사무소를 방문해 시장 분위기를 살펴보면 좋을 듯하다.

자산을 모을 수 있는 플랜을 연령별로 설정하고 싶다

G씨는 다가올 미래가 불안하여 먼저 계획을 세우려고 한다. 연령대별로 일어날 가능성이 높은 라이프 이슈를 고려하여 목표를 가정하고 이를 실천하기 위한 플랜을 제시했다. 20대 후반에서 30대 초반까지는 25년 이상 소득을 얻을 수 있는 안정된 직장을 찾는 걸 목표로 하면 좋다. 요즘 20~30대는 한 직장에 25년 이상 근무하는 것을 아예 생각 않는 경우가 많은데, 적어도 25년 이상은 종사할 수 있는 직장을 우선적으로 찾으면 좋다. 이 시기에는 소득의 60% 이상을 저축해 시드머니를 모으는 데 집중해야 한다. 3~5년 후 결혼 자금이나 자기계발비 등 목적 자금 계획을 세우면 동기부여에 도움이 된다.

30대에는 보통 결혼을 하여 가정을 이루고 자녀가 태어나는데 이때 가장 목적 자금을 많이 모을 수 있다. 집을 마련했다면 대출 상환이 주요 지출 내역일 테다. 자녀가 태어나면 자녀의 용돈을 모아 자녀 명의의 저축이나 투자를 시작하면 좋다. 자녀가 초등학교에 입학하게 되면 교육비가 점차 증가하니 미리 대비해야 한다.

40대에는 넓은 평수로 이사를 고민하게 되고 자녀의 사교육비 지출이 증가하는 시기이다. 회사 연봉이 올라가 급여소득에 대한 세금 납부가 많아진다. 연말정산시 소득공제가 가능한 상품을 가입하고 적극적으로 운용하여 은퇴 자금의 시드머니 기초를 다져야 한다.

50대에는 5년 이내에 퇴직을 예상하여 본격적으로 은퇴 자금을 마련해야 할 시기이다. 여유가 있으면 여행 자금을 구분하여 모아도 좋다.

60대에는 보유하고 있는 자산 한도 내에서 30년 이상 남은 노후의 적정 생활비를 산출하여 매달 연금 형태로 수령할 수 있도록 인출 설계를 해야 한다.

[월 65만 원을 3년 동안 연 6% 운용시 약 2,569만 원 예상]

(단위 : 원)

년 \ 수익률	4.00%	5.00%	6.00%	7.00%
1년	₩7,971,083	₩8,014,511	₩8,058,206	₩8,102,169
2년	₩16,266,920	₩16,439,060	₩16,613,425	₩16,790,044
3년	₩24,900,742	₩25,294,625	₩25,696,311	₩26,105,967

(단위 : 만 원)

상담 전			상담 후		
수입	급여 등	240	수입	급여 등	240
지출	월세	40	지출	청년드림청약	10
	대출금 이자	15		월세	40
	관리비	10		대출금 이자	15
	부모님 대여	50		관리비	10
	신용카드 대금	100		부모님 이체	50
	기타 생활비	25		신용카드 대금	70
				기타 생활비	25
				MMF	10
	총계	240		총계	240

상담 전 자산 및 부채 현황					
자산	임대보증금	5,000	부채	전월세보증금 대출	4,500(4%)
	주택청약저축	200		부모님 대여	300
	입출금	350			
	총계	5,550		총계	4,800

Q

은퇴까지 약 15년, 이대로 괜찮을까요?

라이프스타일을 고려해 은퇴 후 생활비를 설계해보세요

대기업 직원 S씨는 44세로 4년 전 아파트를 구입해 또래 친구들에 비해 자산이 많은 편이다. 초등학생 자녀 두 명(11세, 13세)을 두었고, 배우자는 중소기업에 근무하고 있다. 부부가 앞으로 15년까지는 직장생활을 하면서 소득을 유지할 수 있다. S씨는 회사 선배들과의 점심 식사 중에 퇴직 전에 미리 은퇴 설계를 하여 필요한 자금과 연령별 필요 자금 등을 산출해 준비해야 한다는 조언을 들었다. 막상 은퇴 설계를 하려니 막막해 상담을 의뢰해왔다.

매월 50만 원의 펀드상품은 계속 유지해야 할까

안정 지향형인 S씨였으나 40대가 되니 투자 자산을 어느 정도 형성해야 하지 않을까 하는 생각이 들었다고 한다. S씨는 미국S&P지수를 추종하는 인덱스 펀드를 가입한 상태였다. 현재 1년 수익률 연 10%를 실현하고 있다.

미국S&P 상승률은 2023년에는 연 24.23% 상승했고, 나스닥100은 43.42%가 상승했다. 미국지수상승률에 비하면 펀드 수익률은 저조하지만 그래도 2023년 정기예금 4%대에 비하여 2.5배 수익이다.

한편 아파트 담보 대출 이율은 연 3.9%이고 마이너스 통장은 연 5.6%이므로 먼저 이율이 높은 마이너스 통장 대출을 상환하기를 추천한다. S씨는 펀드를 가입할 때 목표 수익률을 정하지는 않았지만 그래도 대출 금리보다는 1.8배 수익을 실현했으므로 550만 원 상환을 추천한다.

연금신탁과 개인형 IRP 불입금을 조정하여 매달 100만 원씩 적립식 펀드 가입하기를 추천한다. 2024년 7월 기준 세계 주요 나라의 주식시장 시가총액에서 미국은 50% 이상의 비중을 차지하고 있다. 시가총액 1위인 미국시장의 인덱스 지수상품인 S&P500지수, 나스닥100지수에 50:50 비율로 투자하면 아무래도 기간과 금액이 분할되어 리스크를 낮출 수 있다. 입출금 통장에 100만 원을 입금하고 매주 125,000원씩 두 상품으로 자동이체를 설정해두면 간편하다.

(단위 : 원)

상품	금액	시기	비고
S&P500지수	125,000	1주 수요일	한 달 500,000
	125,000	2주 수요일	
	125,000	3주 수요일	
	125,000	4주 수요일	
나스닥100지수	125,000	1주 수요일	한 달 500,000
	125,000	2주 수요일	
	125,000	3주 수요일	
	125,000	4주 수요일	
월 총합계	1,000,000		

매월 100만 원씩 불입한 자금은 연말정산 시즌에 수익률을 체크해보고 목표하는 대출 금리보다 높은 수익이 실현되었다고 하면 다시 환매 후 대출을 상환하고 예상보다 부진하다면 환매하지 말고 유지하면 지속적으로 매입해 단가를 낮출 수 있다. S씨는 은퇴까지 15년이라는 소득 기간이 있으므로 차근차근 준비해 나가면 된다.

연금신탁과 개인형 IRP 불입금액 비중을 추천해준다면?

S씨의 가입 상품을 분석해보니 연금저축상품으로 연금신탁과

개인형 IRP가 있었는데, 연금신탁은 회사 복지연금 차원으로 회사 부담금 50%, 나머지는 개인 부담금 50%를 불입하고 있었다. 개인형 IRP는 S씨가 노후 준비자금 명목으로 매달 45만씩 입금을 하고 있었다. 연금신탁에 75만 원을 불입하고 있는데, 이 경우 연말 소득공제는 600만 원만 적용된다. 연금저축의 불입 한도가 600만 원이기 때문이다.

S씨는 현재 개인형 IRP로는 혜택을 받지 못한 상태라 금액을 조정하기를 제안했다. 연금신탁은 연간 600만 원(월 50만 원)으로, 개인형 IRP는 연간 300만 원(월 25만 원)으로 불입금을 조정하고 차액 45만 원은 적립식 펀드 상품으로 변경해 마이너스 대출상환 자금으로 활용하도록 했다.

연금신탁은 담보 대출이 가능해 혹시라도 급히 돈이 필요할 때 유용하다. 하지만 단일상품인 채권에 투자하는 상품이라 다양한 상품군 운용이 불가능하다. 반면 개인형 IRP는 법적으로 담보 대출은 불가능하지만 예금, 펀드, ETF 등 좀 더 많은 상품을 한 바구니에 담아 운용이 가능하여 목표하는 수익률에 맞추어 포트폴리오 구성이 가능하다.

개인형 IRP에 보유 중인 현금성 자산 1,800만 원을 어떻게 굴려야 할까

S씨는 개인형 IRP에 대해 회사일이 바쁘다는 핑계로 전혀 관심을 두지 않고 있었다. 디폴트옵션에 관한 내용도 잘 모르고 있었는데, 최근 개인형 IRP계좌 내에 현금성 자산이 많다는 콜센터의 연락을 받고서야 상세히 알아보았다고 한다.

이미 시중은행 1년 만기 상품으로 운용되고 있었으나 디폴트옵션 등록을 하지 않았기 때문에 정기예금 만기자금이 현금성 자산 잔액으로 유지되고 있던 것이다. 앞으로 15년 이상 수입이 지속될 예정이니 '100-나이' 법칙을 적용하여 60% 이상은 투자 상품으로 변경하기를 추천한다.

통상적으로 개인형 IRP는 매월 불입하는 금액의 상품 포트폴리오와 현재까지 누적되어 보유하고 있는 상품포트폴리오로 두 번의 변경 절차가 필요하다. 이를 모르는 사람이 많다.

개인형 IRP에 매월 불입되는 금액 25만 원은 주식 60%, 채권 30%, 대체 자산 10% 비중으로 포트폴리오를 구성하면 좋을 듯하다. 누적되어 보유하고 있는 현금성 자산 1,800만 원은 은퇴기간 15년을 고려하여 TDF2040, TDF2045를 선택하되 운용사가 다양하므로 과거 수익률을 참고하여 4개 선정하고, 환헷지(H: 환율 변동으로 인해 발생할 수 있는 위험 대비를 목적으로 환율을 미리 고정하는 것)와 환오픈(UH: 환율 변동으로 발생할 수 있는 환차익을 실현할 수 있는 상품) 상품을 선택하여 매월 150만 원씩 3개월 동안 불입할 수 있도록 구성해주었다.

[매월 150만 원씩 4개의 상품에 3월, 4월, 5월 불입]

(단위 : 만 원)

상품	누적 금액	불입 시기
N운용TDF2040(H)	450	3월, 4월, 5월 매월 150만 원씩 불입
H운용TDF2040(UH)	450	
M운용TDF2045(H)	450	
K운용TDF2045(UH)	450	
총계	1,800	-

TDF(Target Date Fund)는 투자자가 목표로 하는 특정 시점에 맞춰 자산 배분을 자동으로 조정하는 펀드이다. 투자 초기에는 높은 위험과 수익성을 가진 자산에 집중하고, 목표 시점이 가까워질수록 안정적인 자산으로 이동하여 위험을 줄인다. 이를 통해 투자자는 복잡한 투자 결정을 피하면서 장기적인 투자 목표를 효율적으로 달성할 수 있다.

TDF 2040(Target Date Fund 2040)는 2040년에 은퇴하거나 큰 자금이 필요한 사람들을 위해 설계된 장기 투자 펀드이다. 초기에는 주식 같은 고위험 자산에 투자하여 자산을 불리며, 시간이 지나 2040년이 가까워질수록 채권 등 안정적인 자산으로 비중을 조정해 위험을 줄인다. 결국 2040년에 연금 지급을 목표로 상품을 운용하는 것이다.

TDF 2045도 비슷한 상품 구성으로서 2045년에 연금 지급을 목표로 주식과 채권의 비중을 조정하여 운용하는 것이다.

환헤지(H) 상품은 해외 투자 자산의 환율 변동에 따른 위험을 줄일 수 있다. 예를 들어, 환율이 갑자기 변동할 때, 이로 인한 손실을 최소화할 수 있다. 따라서, 안정적인 수익을 원하거나, 환율 변동에 신경 쓰지 않고 장기적으로 자산을 관리하고 싶은 분들에게 적합하다.

환오픈(UH) 상품은 환율 변동에 따라 추가적인 수익을 기대할 수 있는 가능성을 열어둔다. 환율이 유리하게 변할 경우, 헤지 비용을 지불하지 않으므로 더 높은 수익을 얻을 수 있다. 하지만, 이와 같은 이익을 얻으려면 환율이 불리하게 변할 때 감수해야 하는 위험도 있다.

환헤지와 환오픈 상품을 동시에 가입하면, 환율 변동에 대한 위험 관리와 기회 극대화를 동시에 누릴 수 있다. 환헤지 상품은 안정적인 수익을 보장하며, 환오픈 상품은 환율 상승 시 추가 수익을 제공한다. 이로 인해 시장 상황에 따른 유연성을 확보할 수 있고, 분산 투자 효과로 리스크를 줄이며 수익 변동성을 낮출 수 있다. 또한, 심리적 안심효과로 투자에 대한 부담을 덜 수 있다.

퇴직 후 은퇴 자금이 얼마나 필요하고 어떻게 준비해야 할까

44세인 S씨는 향후 자녀 교육비로 더 많은 비용이 예상되는데 과연 노후 준비가 가능할지 걱정스러워했다. S씨의 니즈에 따라 필요 자금을 산출해보면 아래와 같다. S씨는 다행히 56세 퇴직 후 실업급여와 회사 내에서 계약직으로 2년 정도 일을 더 할 수 있다. 퇴직 후 연령별로 희망하는 생활비와 65세에 국민연금을 수령함을 가정하여 85세까지 필요 자금이 55,200만 원이다. 현재 연금신탁과 개인형 IRP잔액 1억 3,000만 원과 매년 불입하는 900만 원(매월 75만 원)을 13년 동안 연 8%로 운용하고, 매년 세금환급액을 포함하면 약 5억 7,260만 원으로 은퇴 자금은 충분히 준비할 수 있을 듯하다.

[60세 은퇴 후 연령별 예상 생활비를 가정해 산정한 필요 자금은 5억 5,200만 원]

(단위 : 만 원)

연령	내용	수입	생활비	부족 금액	연간	필요 기간	합계
57세	실업급여	200	400	200	2,400	1	2,400
58세	회사 계약직	200	400	200	2,400	2	4,800
60세	무직	0	400	400	4,800	5	24,000
65세	국민연금	150	300	150	1,800	5	9,000
70세	국민연금	150	250	100	1,200	10	12,000
80세	국민연금	150	200	50	600	5	3,000
필요 자금 합계							55,200

[S씨가 57세까지 수익률 연 8% 운용시 약 5억 7,260만 원 예상]

(단위 : 만 원)

구분	현재잔액	적립기간	금액	수익률 연 8% 가정
개인연금/연금신탁	13,000	13	13,000	35,355
매년 불입액	900	13	11,700	20,605
추가연말정산환급액	100	13	1,300	1,300
총계				57,260

[목돈 1억 3,000만 원을 13년 동안 연 8% 운용시 약 3억 5,355만 원 예상]

(단위 : 원)

년 \ 수익률	6.00%	7.00%	8.00%	9.00%
10년	₩232,810,201	₩255,729,676	₩280,660,250	₩307,757,278
13년	₩277,280,674	₩313,279,850	₩353,551,084	₩398,554,600
15년	₩311,552,565	₩358,674,100	₩412,381,985	₩473,522,720

[월 75만 원을 13년 동안 연 8% 운용시 약 2억 605만 원 예상]

(단위 : 원)

년 \ 수익률	6.00%	7.00%	8.00%	9.00%
10년	₩123,524,058	₩130,570,852	₩138,124,257	₩146,224,226
13년	₩177,468,423	₩191,106,414	₩206,054,895	₩222,451,677
15년	₩219,204,605	₩239,108,433	₩261,258,857	₩285,932,859

(단위 : 만 원)

상담 전			상담 후		
수입	급여 등	600	수입	급여 등	600
지출	적립식 펀드	50	지출	적립식 펀드	100
	어린이 펀드	20		어린이 펀드	20
	대출 원리금	200		대출 원리금	200
	개인형 IRP	45		개인형 IRP	25
	연금신탁	75		연금신탁	50
	자녀 학원비	130		자녀 학원비	130
	용돈 및 기타비용	80		용돈 및 기타비용	75
	총계	600		총계	600

상담 전 자산 및 부채 현황					
자산	부동산	120,000	부채	아파트 담보 대출	34,000(3.9%)
	자녀펀드	300		마이너스 통장	2,550(5.6%)
	개인형 IRP	3,000			
	연금신탁	10,000			
	적립식 펀드	550			
	총계	133,850		총계	36,550

Q

비혼에 걸맞은 은퇴 설계가 따로 있을까요?

주택연금제도를 활용해 은퇴 생활비를 충당해보세요

대전에 거주하고 있는 53세 D씨는 대기업에 30년 동안 근무하였고 앞으로 3년 후에 퇴직할 예정이다. 20대에 부모님을 여의고 6형제 중 셋째이며 비혼이다. 지금 가지고 있는 자산으로 퇴직 후 매월 300만 원 정도의 생활비를 수령하고 싶다며 상담을 의뢰해 왔다. D씨는 오랫동안 직장생활을 했기 때문에 퇴직 후에는 매년 해외여행을 간다는 바람이 있으며 나중에 재산을 상속해줄 때 어떤 방법을 활용하면 좋을지 고민이라고 했다.

퇴직 후 매월 300만 원의 생활비를 희망한다

56세에 퇴직 예정인 D씨는 실업급여 9개월을 수령하고 나면 국민연금을 수령하는 65세까지 약 8년간 소득이 없으므로 보유자산으로 생활비를 충당해야 한다. 아래 표를 참고하면 75세까지 매달 300만 원, 80세까지 250만 원, 100세까지 200만 원으로 생활비를 조정한다고 예상하면 약 6억 6,000만 원의 자금이 필요하다.

(단위 : 만 원)

연령	내용	수입	생활비	부족 금액	연간	필요 기간	합계
57세	실업급여	200	300	100	1,200	1	1,200
58세	무직	–	300	300	3,600	8	28,800
65세	국민연금	150	300	150	1,800	10	18,000
75세	국민연금	150	250	100	1,200	5	6,000
80세	국민연금	150	200	50	600	20	12,000
필요 자금 합계							66,000

여행 자금으로 1억 원 정도를 따로 준비한다면 7억 6,000만 원이 필요하다. D씨는 거주하고 있는 아파트를 제외하고, 30년 동안 축적된 퇴직금 및 명예퇴직금 약 3억 원과 현재 보유 재산 3억 3,600만 원과 향후 3년 재직 동안 매월 200만 원씩 저축하는 금액의 원금 총액(이자 고려하지 않음) 7,200만 원을 포함하면 약 7억 800만 원의 보유 자산이 예상된다. 그래도 부족하다면 80세쯤 거주하고 있는 아파트로 주택연금제도를 활용해 충당이 가능하다.

포트폴리오 구성을 지금처럼 유지해도 될까

D씨는 연금, 펀드, ETF, 보험 등을 포함하여 매월 225만 원 저축을 하고 있다. 급여의 약 32%로 저축액은 부족한 편이지만 조카등록금으로 150만 원씩 지출되는 점을 감안한다면 53%의 고정금액이 있는 셈이다. 수입대비 53%의 고정 지출은 양호한 편이고 싱글이기에 더더욱 저축에 대한 강제성을 부여하기 쉽지 않다. 한편 조카에게 지속적으로 학자금을 지원하는 게 쉽지 않은 일이지만 묵묵히 실천하고 있음은 본받을 만한 일이다.

개인형 IRP는 연간 900만 원까지 연말정산이 가능하므로 불입중인 25만 원에 50만 원을 추가하여 75만 원으로 변경하기를 권한다. 연소득이 8,400만 원 이상이라면 50만 원을 증액할 경우 79만 2,000원을 추가로 세액공제금액으로 환급받을 수 있다. 추가 50만 원 금액은 적립식 펀드 및 ETF 불입금을 축소하고 기타 자금에서 충당하면 될 듯하다. 개인형 IRP는 3년 적립이 가능하므로 원금 보장형의 정기예금보다는 원금 비보장형인 인덱스펀드, TDF펀드 등으로 포트폴리오를 구성하기를 바란다.

D씨는 보험료를 100만 원씩이나 지출하고 있었다. 보험료는 월급여의 10%를 추천하는데 자세히 살펴보니 동생 보험료 30만 원, 종신보험 50만 원, 실비 10만 원, 간병보험 10만 원이었다. 이번 자산관리를 통하여 10년 전부터 불입해주던 동생 보험료는 동

생에게 불입하도록 넘기고 자동이체를 해지하기로 권했다. 종신 보험 50만 원의 금액 중 20만 원은 사망보험금 위주의 특약만 가입되어 있어서 해지를 권유하였다. 싱글로서 사망보험금의 필요성이 적고 불입 기간이 10년이나 더 남아 있어서 미래보다는 현재에 보험 불입금 20만 원을 활용하는 것이 낫다는 판단으로 권한 것이다. 보험료 50만 원 축소금은 은행 전문가가 운용해주는 일임형 ISA로 상품 변경을 추천했다. 3년 만기가 가능하며 순수익의 200만 원까지 비과세가 가능한 상품이다.

퇴직 후 매년 해외여행을 가고 싶은데 가능할까

D씨는 30년 동안 회사생활을 하면서 장기간의 여유 있는 해외여행을 누리지 못했다. 퇴사까진 아직 3년이 남았지만 오랜 버킷리스트를 실현할 생각으로 벌써부터 기대에 부풀어 있다. 위에서 은퇴 자금 산출시 해외여행, 골프 등의 여행 자금으로 1억 원을 선정해 두었으므로 1년에 1,000만 원씩 10회는 여행이 가능하다. 57세부터 66세까지 행복한 여행을 즐기고 그 이후는 건강이 허락한다면 보유 자산의 상황을 고려해 다시 계획을 세워보기를 추천한다. 여행은 나이가 들기 전에 실천하는 것이 우선이니 꼭 은퇴 계획 중 첫 번째로 실천하기를 바란다.

여행자금은 개인형 IRP와 연금보험금액 합계 약 8,800만 원을 연금지급기간 10년으로 수령하여 활용하면 될 듯하다.

56세 수령
개인형 IRP 잔액 3,400 + 2,700(연 900만 원 × 3년)
+ 연금보험 잔액 2,700=8,800만 원
(이자는 고려하지 않음.)

재산은 누구에게 물려주어야 할까

D씨는 본인이 사망할 경우 보유 중인 재산을 동생의 자녀(현재는 8세)에게 물려주고 싶다. 동생이 아닌 조카를 지정하여 상속자금을 전달하고 싶다면 어떻게 절차를 밟아야 하는지 알아보려던 참이었다. 현재 거주하고 있는 집은 D씨가 계획한 일정 금액과 함께 은행 유언대용신탁 상품을 활용해 지금이라도 상속해줄 수 있다. D씨가 그 집에 거주하고 있어도, 조카가 미성년자여도 가능하다.

최근 고령인구와 1인 가구가 가파르게 증가하면서 유언대용신탁 시장도 함께 성장하고 있다. 유언대용신탁은 특별하게 유언장이 없어도 신탁계약을 통해 재산 상속이 가능한 상품으로, 고객이 은행에 재산을 신탁하면서 생전에는 본인을 수익자로 정하고 사

후에는 생전에 정한 수익자에게 안정적으로 신탁재산을 승계하는 것을 목적으로 판매된다. 금전, 부동산, 증권 등을 신탁 대상으로 하여 상품 가입이 가능하다. 다만 신탁을 하게 되면 신탁 보수가 발생하며 고객 생존 기간 중에는 언제든 중도 해지할 수 있다.

(단위 : 만 원)

<table>
<tr><th colspan="3">상담 전</th><th colspan="3">상담 후</th></tr>
<tr><td>수입</td><td>급여 등</td><td>700</td><td>수입</td><td>급여 등</td><td>700</td></tr>
<tr><td rowspan="11">지출</td><td>개인형 IRP</td><td>25</td><td rowspan="11">지출</td><td>개인형 IRP</td><td>75</td></tr>
<tr><td>적립식 펀드/ETF</td><td>100</td><td>적립식 펀드</td><td>75</td></tr>
<tr><td>보험료</td><td>100</td><td>일임형ISA</td><td>50</td></tr>
<tr><td>생활비(신용카드)</td><td>100</td><td>보험료</td><td>50</td></tr>
<tr><td>모임 회비</td><td>60</td><td>생활비(신용카드)</td><td>100</td></tr>
<tr><td>조카 학비</td><td>150</td><td>모임 회비</td><td>60</td></tr>
<tr><td>관리비</td><td>30</td><td>조카 학비</td><td>150</td></tr>
<tr><td>골프</td><td>100</td><td>관리비</td><td>30</td></tr>
<tr><td>대출금 이자</td><td>13</td><td>골프</td><td>100</td></tr>
<tr><td>기타</td><td>22</td><td>대출금 이자</td><td>10</td></tr>
<tr><td>총계</td><td>700</td><td>총계</td><td>700</td></tr>
</table>

<table>
<tr><th colspan="6">상담 전 자산 및 부채 현황</th></tr>
<tr><td rowspan="8">자산</td><td>정기예금</td><td>3,100</td><td rowspan="8">부채</td><td>주택자금대출</td><td>4,000</td></tr>
<tr><td>청약예금</td><td>400</td><td>신탁담보 대출</td><td>12,000(4%)</td></tr>
<tr><td>개인연금신탁</td><td>27,000</td><td></td><td></td></tr>
<tr><td>적립식 펀드/ETF</td><td>13,000</td><td></td><td></td></tr>
<tr><td>개인형 IRP</td><td>3,400</td><td></td><td></td></tr>
<tr><td>연금보험</td><td>2,700</td><td></td><td></td></tr>
<tr><td>아파트</td><td>15,000</td><td></td><td></td></tr>
<tr><td>총계</td><td>64,600</td><td>총계</td><td>16,000</td></tr>
</table>

PART 2

은퇴 자금 절세, 어떻게 찾느냐로 받는 금액이 달라진다

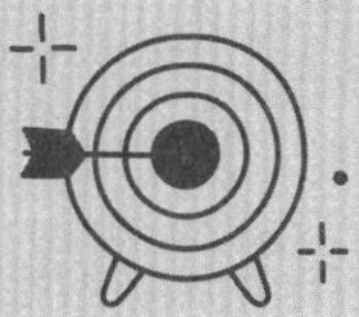

Q

곧 퇴직금을 받는데 절세할 방법이 궁금해요

목돈으로 수령하고 실제 인출은 나누어보세요

1년 중 11월과 12월은 퇴직금 정산이 가장 활발한 시기이다. 정년퇴직이나 명예퇴직자뿐 아니라 임금피크제, 이직 등의 사유로 퇴직금 정산 수요가 늘어나는 시기이기 때문이다. 2022년 4월 14일부터 퇴직금은 개인형 IRP로만 받을 수 있도록 법이 개정됐다. 때문에 퇴직자들은 개인형 IRP에 일단 퇴직금을 이체한 후 인출 방법과 운용방법을 고민해야 한다. M씨는 목돈으로 수령한 퇴직금에 대한 인출 방법과 운용 방법에 대해 고민 중이다.

M씨의 퇴직금

퇴직금 : 3억 원, 세율 : 7% (21,000,000)
투자 성향 : 보수적, 정기예금 운용 원함
연금 수령기간 : 5년(2013년 3월 1일 이전 퇴직연금 가입자)
저축은행 정기예금 금리 1년 3.56%, 2년 3.3%, 3년 3.10%

[2024년 7월 기준]

퇴직 후 모든 금액을 일시에 인출하고자 할 때

퇴직금 3억 원에 대한 퇴직 소득세(7%)는 2,100만 원으로서 일시금으로 인출하는 경우는 세금을 제외하고 2억 7,900만 원을 수령하게 된다. 만약 연금으로 수령한다면 퇴직 소득세의 30%인 630만 원을 절세할 수 있다.

퇴직형 IRP로 퇴직금을 받는 경우, 2013년 3월 1일 이전 퇴직금 제도 가입자이며 퇴직 소득원천징수 영수증에 기재된 퇴직금 전액을 IRP에 이체한다면 연금수령 기간 중 가장 짧은 기간인 5년 수령이 가능하다.

M씨가 3억 원을 5년 동안 나눠서 수령한다고 가정하면 매년 6,000만 원씩 연금을 수령하게 된다. 추가적으로 연금 수령 한도는 연금 수령액 6,000만 원의 120%인 7,200만 원까지 인출되며 세금 30%도 절세할 수 있다. 이때 유의할 점은 원천징수영수증상

퇴직 급여 최종 금액과 퇴직형 IRP계좌 이체 금액이 동일해야 한다는 것이다. 일부 회사에서는 현물을 퇴직 소득에 포함하기도 하는데 그러면 퇴직형 IRP 계좌 이체금액과 달라질 수 있으니 주의가 필요하다.

퇴직 시점부터 3년 후 일부 금액을 인출하고자 할 때

퇴직 후 3년째에 아마도 M씨의 자녀가 결혼을 할 듯해 그때쯤 퇴직금 중 1억 원만 찾고 싶어 했다. 생애 이벤트로 목돈이 필요해 퇴직금 중 일부를 찾아야 한다면, 연금 지급등록을 하여 연금 지급액을 최소 매월 만 원 또는 연 10만 원을 수령하는 것을 추천한다. 연금 지급 등록을 하면 각 금융 기간마다 수수료 차이는 있지만 기존 납입시보다 낮아지기 때문이다. 또한 3년 후 1억 원의 이벤트 자금 지출 후 10년을 초과하여 연금을 받게 되면 연금 실수령 연차가 인정되어 퇴직 소득세가 40%까지 절세가 된다.

연금 실제 수령 연차란 2020년 소득세법이 일부 개정되면서 새롭게 도입된 개념으로 연금을 받은 기간을 의미한다. 연간 10만 원을 수령하면 실수령 연차로 인정해준다. 즉, 일시금으로 목돈을 찾은 뒤에라도 최소 액수에 해당하는 금액을 연금 형태로 받으면 최대한의 절세를 누릴 수 있다.

*연금 실제 수령 연차 : 연금 수령 요건을 충족한 시점부터 1년 차로 기산한 연차
*최소 연금 지급 기간 : (11–n)
n : 연금 수령 연차(퇴직금이 있는 경우의 연금 수령 연차 + 5년)
*연금 수령 한도 : 퇴직금(계좌 잔액) ÷ 연금 수령 연차

가령 2026년 연금 수령 연차는 '11-n'이고 여기서 n은 8(3+5)이므로 최소 연금 지급 기간은 3년이다. 이를 계산식에 적용해보면 다음과 같다. 즉, 절세 가능한 연금 수령 한도는 1억 1,990만 원으로 M씨가 인출하고자 하는 1억 원은 절세 혜택을 모두 받을 수 있다.

(299,760,000÷3=119,904,000)

(단위: 연, 원)

연도	기간	5년 수령	10년 수령
2024	1	120,000	120,000
2025	2	120,000	120,000
2026	3	100,000,000	100,000,000
2027	4	99,880,000	120,000
2028	5	99,880,000	120,000
2029	6		120,000
2030	7		120,000
2031	8		120,000
2032	9		120,000
2033	10		120,000
2034	11		198,920,000
총계		300,000,000	300,000,000
절세세금		30%(6,300,000)	40%(8,400,000)

퇴직 후 5년 동안 연금으로 인출하고자 할 때

퇴직금을 연금으로 수령하는 경우 연금 수령 한도(최고 120%) 내에서 퇴직 소득세도 분할하여 납부하게 된다. 그래서 연금을 선택하는 2가지 장점으로 퇴직 소득세 30% 절세와 연금 수령 기간으로 세금도 분할 납부하게 되니 운용자금(퇴직금 잔액+세금 잔액)이 늘어나면서 운용 수익도 증가하게 된다.

(단위 : 원)

기간	퇴직금	연금 수령 한도	세금	절세	세후수령액
1년	300,000,000	72,000,000	5,040,000	1,512,000	68,472,000
2년	228,000,000	68,400,000	4,788,000	1,436,400	65,048,400
3년	159,600,000	63,840,000	4,468,800	1,340,640	60,711,840
4년	95,760,000	57,456,000	4,021,920	1,206,576	54,640,656
5년	38,304,000	38,304,000	2,681,280	804,384	36,427,104
총계		300,000,000	21,000,000	6,300,000	285,300,000

※퇴직금 3억 원에 대한 이자소득은 계산하지 않고 가정함

퇴직금의 수익률을 높일 수 있는 방법은?

퇴직금을 개인형 IRP에 이체하여 최대한 절세를 받는 사례를 살펴봤다. 퇴직금으로 정기예금을 가입 기간별, 금융 기간별로 분

산해 가입하면 수익률을 더 높일 수 있다. 2024년 현재는 고금리가 지속되지만 미국의 인플레이션 완화에 따른 금리 인하 가능성이 높으므로 매년 수령할 금액의 가입 기간을 쪼개어 가입하고 저축은행 예금(예금자 보호 5,000만 원 가능)을 활용하여 수익률을 높여보는 것도 좋은 방법이다.

(단위 : %, 원)

연도	퇴직금	기간	금리	이자(세전)
2025	68,400,000	1	3.56	2,435,040
2026	63,840,000	2	3.20	4,085,760
2027	57,456,000	3	3.10	5,343,408
2028	38,304,000	4	3.10	4,749,696
총계				16,613,904

※2024년 7월 저축은행 정기예금 금리 적용함

Q

퇴직금 받는 해의 종합과세 폭탄을 피하고 싶어요

연간 1,500만 원 이하로 받고 분리과세를 선택하세요

연금퍼즐(Annuity puzzle)이란 노후자산을 연금화하는 것이 유리한데도 일시금을 택하는 현상을 말한다. 앞에서 살펴보았듯이, 퇴직금을 한꺼번에 받지 않고 개인형 퇴직연금(IRP) 계좌를 이용해 연금으로 수령하면 세금 혜택을 누릴 수 있다. 10년 이내로 매년 연금 수령 한도 안에서 연금으로 받으면 퇴직 소득세 30%가 줄어든다.

산술적으로 장수 리스크도 줄이고 세금 혜택도 있으니 연금으로 받아야 유리하다. 하지만 '연금 상품이 복잡해서 뭐가 뭔지 모르겠고 그냥 한 번에 받고 끝내는 게 속 편하다.', '푼돈을 받는 것

같아서 한꺼번에 수령하는 편이 좋다.' 등 다양한 이유로 일시금을 선택하는 사람이 많다. 무조건 연금화하라는 뜻이 아니다. '절세'가 뒷받침돼야 한다.

절세는 연금 인출법이 관건

연금저축과 개인형 IRP 같은 연금 계좌는 수령할 때 과세에 유의하여야 한다. 사적연금소득으로 보고 연금 소득세가 부과되기 때문에 수령을 어떻게 하느냐에 따라 절세 혜택에 차이가 있다. 개인형 IRP를 활용해 퇴직금을 연금으로 받기로 했다면 연금 수령 전략을 세워야 한다.

개인연금은 인출 순서에 따라 세금이 달라진다. 연금은 세액공제를 받지 않은 납입액, 퇴직금, 세액공제를 받은 납입액과 운용수익(이하 운용 수익) 순으로 인출된다. 세액공제를 받지 않은 납입액은 비과세이다. 이후 퇴직금 인출 시점에는 연금 소득세가 부과된다. 연금 수령 10년까지는 퇴직 소득세율의 30% 절세가 가능하고 연금 수령 기간이 10년을 초과하면 40%가 절세된다.

주의할 점은 운용 수익을 받는 시점부터이다. 최대 49.5%(지방소득세 포함)의 종합소득과세 대상이 될 수 있기 때문이다. 운용수익이 생기고부터는 연간 연금을 1,500만 원 초과해 수령하면 종합소득신고를 해야 한다. 이때 종합소득세율 또는 기타소득세율(16.5%) 중 낮은 세율을 선택할 수 있다. 1,500만 원 이하로 수령하면 비교적 낮은 세율의 연금 소득세를 적용받을 수 있다. 연금 소득세율은 나이에 따라 55~69세 5.5%, 70~79세 4.4%, 80세 이상은 3.3%다.

종합과세 폭탄을 피하려면

종합과세를 폭탄을 피하려면 운용 수익 인출 시점부터 연금액 조정이 필요하며 연간 '1,300만 원'을 추천한다. 운용 수익 재원의 연금 수령이 시작되면 연금 수령 기간을 3년 정도 늘리고 연간 수령 금액은 1,300만 원으로 조정하는 것이 좋다. 1,300만 원은 종합과세를 피하고 앞으로 생길 추가적인 이자 수익을 고려한 수치이다.

A씨는 퇴직금으로 3억 원을 받았다. A씨는 세액공제를 받지 않은 납입액은 모두 인출한 상태이며 연금 운용 수익은 3,900만 원으로 한정한다. 퇴직 소득세는 세율 7%를 적용받아 2,100만 원으로 책정됐다. 이에 퇴직금 3억 원을 10년 동안 나눠 수령하면 퇴직 소득세율의 70%에 해당하는 1,470만 원을 세금으로 납부한다. 운용 수익이 인출되는 11년째부터는 3,900만 원을 1,300만 원씩

3년으로 나눠 받으면 종합과세를 피하고 분리과세를 선택할 수 있다.

세제 혜택을 받으면서 목돈을 수령하고 싶다면 '최대 연금 수령 한도'를 계산해보면 된다. 연금 수령 한도는 세법상 연금으로 인정되는 금액으로, 이를 초과한 금액부터는 퇴직 소득세 감면 혜택이 없다. 매년 연금 수령 한도의 120%까지 수령할 수 있으므로 수령액을 조정하려면 거래 은행 영업점을 찾아 연금 지급 금액을 늘리면 된다. A씨가 만약 퇴직금을 수령기간 5년으로 선택하여 최대 연금 수령 한도만큼 받는 다면 첫해는 7,200만 원까지 받을 수 있다. 두 번째 해부터는 매년 1월 1일 계좌에 남아 있는 금액을 기준으로 한도를 산정해 6,804만 원을 받을 수 있다.

퇴직금 3억 원을 받은 A씨 연금 수령 제안

A씨의 조건 : 퇴직 소득세 2,100만 원(세율 7%), 운용 수익 3,900만 원 가정

[종합과세를 피하고 싶을 때]

기간	연금재원		내야 할 세금	세금 종류
	퇴직 소득	운용 수익		
1~10년	연 3,000만 원		연 147만 원 (퇴직 소득세율의 70%)	연금 소득세
11년 이상		연금액 조정 연 1,300만 원	5.5%	연금 소득세

[연금을 최대한 빨리 찾고 싶을 때]

기간	연금재원		내야 할 세금	세금 종류
	퇴직 소득	운용 수익		
1~5년	연간 연금 수령 한도의 120%까지 인출 가능		퇴직 소득세율의 70%	연금 소득세
6년 이상		연금액 조정 연 1,300만 원	5.5%	연금 소득세

Q 

목돈으로 받아 굴릴지 연금으로 받아 절세할지 고민이에요

퇴직연금 효용 가치는 수령 옵션에 달렸어요

퇴직금을 일시금으로 받으면 목돈을 굴릴 수 있는 기회가 생긴다. 하지만 한 번에 많은 세금을 내야 하므로 연금 형태로 받는 게 절세 효과가 있음을 앞서 살펴보았다. 국민연금만으로는 부족한 은퇴 생활비를 채우기 위한 대안으로 퇴직연금의 역할이 커지고 있다. 퇴직금을 연금으로 수령하고자 할 때 어떤 준비가 필요한지, 수령 옵션은 어떤 것이 있는지, 수익률을 극대화하기 위한 운용 전략은 무엇인지 알아보자.

퇴직금 받으려면 따로 계좌를 만들어야 하나

퇴직금을 일시금으로 받든 연금형태로 받든 무조건 개인형 IRP 계좌는 만들어야 한다. 퇴직금 지급 방법은 근로자 퇴직급여 보장법에서 법으로 정하고 있기 때문이다. 개인형 IRP계좌로 이전된 퇴직금을 일시금으로 찾고 싶다면 일단 개인형 IRP 계좌를 만들어 퇴직금을 받은 뒤 계좌를 해지하면 된다. 다만 일시금으로 퇴직금을 받게 되면 퇴직 소득세가 부과된다. 반대로 연금으로 수령하게 될 경우 소득세법 시행령 제40조의2에 따라 연금 수령 한도 내에서 세제혜택을 보게 된다.

개인형 IRP 계좌를 만드는 시점은 퇴직 시점으로 회사에서 퇴직금을 받을 IRP 계좌를 개설하라는 안내가 오면 자신이 원하는 은행, 증권사, 보험사에 방문하거나 온라인으로 계좌를 만들면 된다. 이후 회사에 개인형 IRP 계좌 사본을 제출하면 퇴직금이 입금된다.

기간과 액수 등 퇴직연금 수령 옵션

퇴직금을 연금으로 받을 경우, 연금 개시 시점, 수령 완료일, 수령 금액, 수령 주기 등을 가입자가 자유로이 선택할 수 있다. 퇴직연금의 효용 가치를 극대화하기 위해서는 이들 옵션의 선택도 중요한데. 다양한 옵션의 활용방법을 알아보고자 한다.

통계청 자료에 의하면 대한민국은 고령사회이며 2024년 말~2025년 초반에 초고령 사회로 도달할 것으로 전망된다. 평균 수명이 늘어남에 따라 최근에는 퇴직자들의 퇴직금에 대한 활용방법 또한 일시금 수령보다는 연금 수령으로 선호도가 변화하고 있다. H은행의 경우 2023년 12월말 기준으로 연금 등록계좌가 2022년 연말 대비 1.5배가량 증가했고 연금에 대한 고객 상담건수 또한 늘었다. 가입자들의 연금에 대한 관심도와 니즈가 늘어남을 알 수 있는 사항이다.

개인형 퇴직연금의 연금 수령 방법에는 기간지정형(조기 수령액 편중 가능), 금액지정형(정액형, 체증형, 체감형) 등 다양한 방법이 있다. 퇴직자 대다수가 기간지정형으로 연금을 수령하고 있다. 기간지정형을 가장 선호하는 이유는 퇴직 소득세를 30% 절세하고 최소 5년(조건 충족시만 가능)의 수령 기간으로 연금을 수령한 후 다른 투자처를 찾아 자금을 이동하려는 플랜이 있기 때문이다. 기간지정형은 최대 50년까지 지정이 가능하므로 자신의 퇴직금 금액에 따라 생활비 플랜을 연령별로 계획하는 것이 현명하다. 만약 플랜에 의해 월 수령액을 변경하고자 한다면 거래은행 영업점에 방문하여 상담 후 변경하는 것을 추천한다.

개인형 퇴직연금 활용

개인형 퇴직연금의 세액공제형을 가입하는 고객은 연말정산 혜택과 불입한 금액의 운용 수익을, 퇴직형으로 가입하는 고객은 퇴직 소득세 절세와 운용 수익 등을 고려하는 것이 대부분의 관심 사항이다. 하지만 추가적으로 챙겨야 하는 부분은 개인형 IRP(퇴직형)에 누적되어 있는 잔액을 연간 연금 수령 한도(1,500만 원) 내에서 가입자의 자산 규모에 따라 적정하게 나눠 생활비를 산출하는 것이다. 또 수령 기간을 정해 효과적으로 연금을 활용하는 것도 중요하다. 운용에만 집중되어 있는 관심을 퇴직 후 연금 수령에도 분산하여 관심을 가지고 노후 준비를 한다면 두 마리의 토끼를 잡을 수 있는 현명한 연금 수령자가 될 수 있을 것이다.

통계청 가계금융복지 조사에 따르면, 2022년 3월 말 가구주의 예상 은퇴 연령은 68세, 실제 은퇴 연령은 62.9세로 조사되었다. 또한 은퇴 후 부부의 월평균 적정생활비는 314만 원으로 전년대비 8만 원 증가하였고 지속적으로 생활비는 물가 상승에 따라 증가할 것으로 예상된다. 314만 원이라면 국민연금만으로는 턱없이 부족하다. 통상 20년 이상 국민연금 납입자들의 월평균 수령액은 93만 원 수준이기 때문에 개인형 퇴직연금은 이제 필수적으로 가입해야 함을 알 수 있다.

중소기업을 퇴사한 K씨는 퇴직금 3억 원으로 노후 생활을 유지하고 싶다. 퇴직금 3억 원을 60세부터 수령한다면 부부 월평균 적정 생활비 314만 원의 70%인 220만 원(통계청 최소생활비 2022년 기준 216만 원)을 초년도 연금 수령액으로 설정하여 20년 동안 개인형 IRP(퇴직형) 금액을 수령하도록 하고, 80세 이후에는 국민연금만으로 생활할 수 있도록 설계하기를 권한다.

여유로운 노후 생활은 누구나 꿈꾸는 것이지만 실제 노후준비 상황이 잘되어 있는 가구는 8.7%에 불과한데 반해 잘되어 있지 않은 가구는 52.6%나 된다. 자신의 상황에 맞는 노후 생활비를 책정하는 것이 필요하다. K씨의 경우 퇴직금 3억 원으로 최소 생활비를 산정하여 계획한다면 노인 빈곤에 관한 불안감을 해결할 수 있을 것이다.

Q

퇴직금과 별개로 개인연금이 있는데 어떻게 수령해야 할까요?

소득공제를 받지 않은 자금은 비과세로 수령하세요

D씨는 55세로서 중소기업에 30년 근무 후 퇴직을 하는 시점에 퇴직금을 연금으로 수령할지, 일시에 수령할지 고민이다. 먼저 퇴직한 선배들의 조언을 들었지만 각자 보유 상품도 다르고 소비 패턴도 달라서 도무지 감을 잡을 수 없었다. 가능하면 절세 혜택도 보고 싶은데 어떻게 퇴직금을 수령하는 게 최선인지 알 수 없었다. 게다가 과거에 연말정산으로 가입한 연금상품이 많아서 연금 수령 순서도 모르겠다.

개인이 가입한 연금 상품 수령 순서

D씨는 연금저축, IRP 이외에 (구)개인연금저축, 연금보험을 갖고 있는데, 세금 측면에서 유리한 수령법을 궁금해했다. (구)개인연금저축(2000년 말까지 가입자)은 55세 이후 5년 이상 연금으로 수령하게 되면 비과세이다. 그리고 퇴직 후 6개월 내에 특별중도해지를 하게 되면 또한 비과세 혜택을 누릴 수 있으므로 이 자금을 퇴직 후 여유 자금으로 활용하는 이가 많다.

연금저축, IRP, 연금보험을 보유하고 있는 경우 연금 소득세의 변천에 따라 어느 상품에서 얼마만큼 연말소득공제를 적용하여 연금을 수령할지 정해야 한다. 그래서 연금을 수령하기 전에 '연금보험료 등 소득·세액공제 확인서'를 발급받아 금융기관에 방문하여 소득공제를 받지 않은 자금은 비과세로 수령하고 소득공제를 받는 자금은 연간 1,500만 원이 초과되지 않도록 기간을 분산하여 수령하도록 요청해야 한다.

D씨는 연금저축 2,000만 원, 연금보험 1,000만 원, IRP계좌 5,000만 원이 있다. 총합계 8,000만 원 중 소득공제 받은 금액 6,500만 원은 5년 동안 매년 1,500만 원씩 수령하도록 하고 소득공제를 받지 않은 1,500만 원은 비과세로 수령할 수 있다. 원금 1,000만 원과 이자 수익을 계산하여 연간 1,500만 원이 초과되지 않도록 수령하면 된다.

퇴직금 4억 원 절세 예시

퇴직금이 인출된 이후 세액공제 받은 금액, 운용 수익이 인출될 때부터 종합과세 대상이라고 앞서 설명했다. D씨의 퇴직금은 4억 원이 예상된다. D씨 사례로 다시 한번 퇴직금 절세 혜택을 챙기는 방법을 살펴보자.

우선 퇴직금 4억 원이고 퇴직 소득세 3,000만 원(세율 7.5%)인 경우를 보자. 퇴직금 4억 원을 연금 지급 기간 10년으로 수령한다면 매년 4,000만 원씩 연금을 수령하게 된다. 퇴직 소득세는 3,000만 원의 70%인 2,100만 원을 내게 되는데 10년 동안 매년 210만 원씩 납부하면 된다. 또한 10년 동안 퇴직금재원으로 지급되는 연금은 연금 소득세로 분리과세 종결 된다.

만약 10년 동안 퇴직금 계좌 내에서 상품을 운용하여 수익을 5,700만 원(가정 정기예금 연 3.5%/10년 운용) 얻었다고 가정한다면, 그 시점부터 연금 수령 기간을 4년 더 늘려서 매년 1,425만 원씩 수령하면 세금에 대한 부담이 없다. 연간 수령금액이 1,500만 원을 초과하면 종합과세 또는 분리과세 중 선택하여 더 많은 세금을 납부해야 하므로 1,425만 원과 운용 수익을 고려하여 4년으로 기간 분산하여 수령하면 되는 것이다.

[퇴직금 4억 원을 10년 수령하며 운용 수익 5,700만 원 가정시 14년 동안 수령하는 것을 추천]

기간	연금 수령 금액	연금 소득세	비고
1년	4,000만 원	210만 원	퇴직금재원
2년	4,000만 원	210만 원	〃
↓	↓	↓	
10년	4,000만 원	210만 원	퇴직금재원(누적액 400,000만 원)
11년	1,425만 원	5.5%	운용 수익
12년	1,425만 원	5.5%	〃
13년	1,425만 원	5.5%	〃
14년	1,425만 원	5.5%	운용 수익(누적액 5,7000만 원)

이번에는 세제 혜택을 받으면서 연금을 최대한 빨리 찾고 싶은 경우(비정기연금 활용 등)를 보자. 연금을 최대한 빨리 찾고 싶다면 퇴직금 수령 한도는 매년 연금 수령 한도의 120%까지 수령할 수 있으므로 거래은행의 영업점에 내방하여 연금 지급금액을 늘리는 것도 하나의 방법이다.

$$\text{연금 수령 한도} = \frac{\text{연금 개시일(개시 이후는 매년 1월 1일) 평가금액}}{\text{(11-연금 수령 연차)}} \times 120\%$$

[퇴직금 4억 원을 5년 동안 수령시 예]

기간	연금 잔액	연금 수령 한도	비고
1년	40,000만 원	9,600만 원	(40,000/5)×120%
2년	30,400만 원	9,120만 원	(30,400/4)×120%
3년	21,280만 원	8,512만 원	(21,280/3)×120%
4년	12,768만 원	7,660만 원	(12,768/2)×120%
5년	5,108만 원	5,108만 원	
합계		40,000만 원	

마지막으로 연금 수령 시기가 늦춰지더라도 세제 혜택을 최대로 받고 싶은 경우(10년간 최소금액 수령 등)를 보자. 연금 수령에 따른 세제혜택은 종신 4.4%, 연령에 따라 최저3.3~5.5%까지 장기간 수령할수록 원천징수 세율이 낮아진다. 주의할 점은 연간 연금소득 1,500만 원을 초과되면 전액 종합과세 또는 16.5% 세율로 분리과세 되므로 1,500만 원을 초과되지 않도록 수령해야 한다.

운용 수익에 대한 원천징수 세율

- 55~69세 : 5.5%(종신 4.4%)
- 70~79세 : 4.4%
- 80세 이상 : 3.3%

D씨의 건강보험 대책

당연한 이야기이지만, 퇴직을 하면 건강보험 직장가입 자격을 잃게 된다. 직장가입자(가족)의 피부양자로 등재되면 좋지만 지역가입자가 된다면 직장 가입 때보다 보험료 부담이 커질 수 있다. 건강보험료 피부양자가 되려면 소득요건과 재산요건을 동시에 갖춰야 한다. 2022년 9월 변경된 피부양자 박탈요건은 다음과 같으므로 가입 기간, 금리 등 금융상품 가입시 참고하자.

- 금융소득 + 근로소득 + 기타소득 연간 2,000만 원 초과
- 재산세과세표준 9억 원 초과
- 재산세 과세표준 5.4억 원&연간소득 1,000만 원 초과

구분	피부양자 등재 가능	피부양자 등재 불가
이자소득	1,000만 원	1,001만 원
소득금액	0	1,001만 원 전액
건강보험료 산정	대상 아님	대상임
건강보험료 예상액		건강보험요율 = 소득금액×7.09% 장기요양보험요율 = 건강보험료×12.95% 그러므로 소득금액×약 8%

Q 

은퇴 후 건강보험은 어떻게 해야 하나요?

지역가입자로 전환되므로 연간 소득을 점검하세요

은퇴를 앞둔 이들이 가장 궁금해하는 것 중 하나가 건강보험이다. 퇴직을 하면 당장 직장가입자에서 지역가입자로 전환되면서 건강보험료가 월 19,780원에서 최대 4,240,710원까지 부과되기 때문이다. 앞서 건강보험에 대해 간단히 다루었는데 좀 더 자세히 살펴보자.

건강보험료 대상자에는 직장가입자와 지역가입자가 있다. 직장가입자는 근로소득을 대상으로 가족 등은 피부양자로 등재되며 보험료 산정기준은 급여소득이다. 7.09%의 보험료율이 적용된다. 만약 직장가입자의 급여 외 소득이 연 2,000만 원을 초과하는 경우 '소득월액 보험료'가 추가로 부담된다.

지역가입자는 직장가입자외의 모든 사람을 의미하며 지역가입자와 그 세대원들이 대상자이다. 보험료산정기준은 '세대별 종합소득 + 재산'이며 직장가입자와 동일하게 7.09% 보험료율이 적용된다. 두 유형 모두 장기요양보험료율 12.95%는 추가 부과된다. 2024년 2월 건강보험료가 개편되면서 지역가입자는 재산보험료 공제액을 1억 원 일괄공제하며, 연소득336만 원이하인 경우 월 19,780원의 최저 보험료를 부과한다.

건강보험료 피부양자에서 제외되는 경우는 3가지로 정리할 수 있다. 첫째는 금융소득, 사업소득, 근로소득, 연금소득, 기타소득의 종합이 연 2,000만 원을 초과하는 경우, 둘째는 재산세 과세표준이 9억 원을 초과하는 경우, 셋째는 재산세 과세표준이 5.4억 원을 초과하면서 연소득이 1,000만 원을 초과하는 경우이다. 3가지 중 하나라도 해당하면 피부양자에서 제외되어 지역가입자로 전환된다. 그러므로 퇴직 후 본인의 소득구성을 잘 체크하여 과다한 건강보험료를 납부하지 않도록 조정할 필요가 있다.

지역가입자의 금융소득 1,000만 원 초과 여부는 본인 및 세대구성원의 합계로 판단할까? 각 세대구성원의 금융소득이 1,000만 원을 초과하였을 경우에 건강보험료가 증가한다. 따라서 구성원 중 금융소득 1,000만 원을 초과하는 사람이 없다면 건강보험료는 증가하지 않는다. 한편 피부양자 자격은 소득과 재산을 매년 다시 평가하여 판단하므로 박탈 이후에 소득 및 재산 요건에 부합하면 피부양자로 다시 등록할 수 있다.

가입자 본인의 금융소득이 1,000만 원을 초과할 때

금융소득자	금융소득	건강보험료 산정에 미치는 영향
직장가입자	1,000만 원 초과	보수 외 소득에 합산(보수 외 소득합계가 2,000만 원 미달시 건강보험료 변동 없음)
	2,000만 원 초과	무조건 건강보험료 추가발생
지역가입자	1,000만 원 초과	소득에 합산되어 건강보험료 추가 발생

피부양자 및 세대구성원의 금융소득이 1,000만 원을 초과할 때

금융소득자	금융소득	건강보험료 산정에 미치는 영향
피부양자	1,000만 원 초과	재산세 과세표준합계 5.4억 원 초과 시 피부양자 자격 박탈 (재산이 없으면 피부양자 자격 유지)
	2,000만 원 초과	무조건 피부양자 자격 박탈, 지역가입자로 전환
지역가입자 세대원	1,000만 원 초과	세대의 소득에 합산되어 건강보험료 추가 발생

한편 아파트 등 주택을 임대하고 있다면, 건강보험료에 어떤 영향을 미칠까. 주택을 임대하고 있는 경우에는 임대소득금액이 없어야 한다.

- 주택임대사업을 등록한 경우 : 연 임대수입이 1,000만 원 이하
- 주택임대사업을 등록하지 않은 경우 : 연 임대수입 400만 원 이하

위 두 사례에 해당하는 경우에는 주택의 임대수입은 있지만 임대소득금액은 0원으로 계산되어 소득이 없는 것으로 보아 피부양자 대상이 될 수 있다. 단, 임대소득을 제외한 피부양자의 소득 및 재산 요건을 충족해야만 등록 가능하다.

Q

금융소득종합과세 대상자는 건강보험료도 오르나요?

금융소득 2,000만 원 초과를 축하합니다

금융소득종합과세는 개인별로 연간 금융소득(이자·배당)을 합산한 금액이 2,000만 원을 초과하면, 다른 종합소득과 합산하여 과세하는 제도이다.

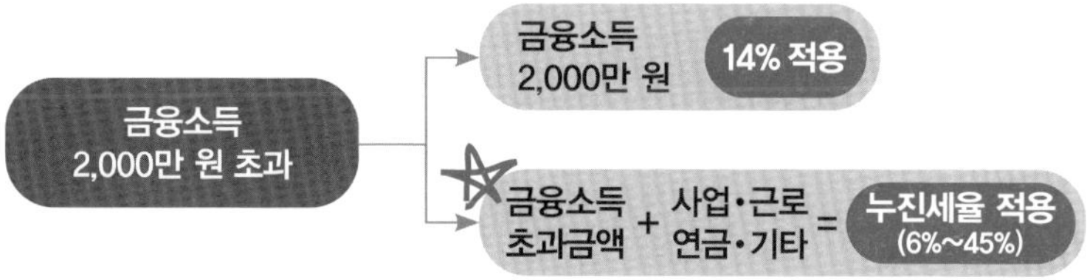

개인사업자가 10억 원의 여유 자금이 있다면?

개인사업자(임대업, 음식점업, 프리렌서 등) A씨가 연 3.5%의 정기예금을 가입하여 이자소득을 3,500만 원 받았다면 건강보험료 산정기준인 금융소득 1,000만 원 초과라서 건강보험료를 추가적으로 납부해야 하고 금융소득이 2,000만 원 초과라서 금융소득종합과세에 해당되어 종합소득세 합산신고를 해야 한다.

이자소득 = 10억 × 3.5% = 3,500만 원
이자소득 3,500만 원 → 건강보험료 산정됨 → 종합소득세 합산 신고 해야 함

예금 가입 전	예금 가입 후
• 종합소득세 납부(사업소득) • 지역가입자 건강보험료 납부 –재산 : 토지, 건물, 주택 등 –사업소득금액	• 종합소득세 납부 (사업소득 + 이자소득 1,500만 원)×6~45% • 지역가입자 건강보험료 납부 –재산 : 토지, 건물, 주택 등 –사업소득금액 +이자소득금액(3,500만 원)×8%

회사원이 10억 원의 여유 자금이 있다면

회사원 B씨가 연 3.5%의 정기예금을 가입하여 이자소득을 3,500만 원 받았다면 건강보험료 산정기준인 금융소득 1,000만 원 초과라서(동시에 보수외 소득 2,000만 원 초과라서) 건강보험료를 추가적으로 납부해야 하고 금융소득이 2,000만 원 초과라서 금융소득종합과세에 해당되어 종합소득세 합산신고를 해야 한다.

이자소득 = 10억 × 3.5% = 3,500만 원
이자소득 3,500만 원 → 건강보험료 산정됨(2,000만 원 초과분만 반영)
→ 종합소득세 합산 신고 해야 함

예금 가입 전	예금 가입 후
• 연말정산으로 근로소득세 종결 • 직장가입자 건강보험료 납부	• 종합소득세 납부 (근로소득 + 이자소득 1,500만 원)×6~45% • 직장가입자 건강보험료 납부+ 지역가입자 건강보험료 납부 이자소득금액(1,500만 원)×8%

전업주부가 6억 원의 여유 자금이 있다면

주부인 C씨가 연 3.5%의 정기예금을 가입하여 이자소득을 2,100만 원 받았다면 건강보험료 산정기준인 금융소득 1,000만 원 초과라서 건강보험료를 추가적으로 납부해야 하고 금융소득이 2,000만 원 초과라서 금융소득종합과세에 해당되어 종합소득세 합산신고를 해야 한다.

이자소득 = 6억 × 3.5% = 2,100만 원
이자소득 2,100만 원 → 건강보험료 산정됨 → 종합소득세 합산 신고 해야 함

C씨의 경우처럼 금융소득과 연금소득, 기타소득을 합산하여 연 2,000만 원을 초과하면 지역가입자로 전환될 수 있고 만약 금융소득과 연금소득, 기타소득을 합산하여 연 1,000만 원 초과시에는 재산세과세표준이 5억 4,000만 원 초과일 때 지역가입자로 전환되며 소득과 상관없이 재산세 과세표준이 9억 원초과일 때 지역가입자로 전환된다.

참고로 재산세 과세표준은 당해 연도 6월 1일에 선정된 시가표준액×공정시장가액비율로 산정되며 통상 주택은 약 45%(다주택자 60%), 토지·건축물은 70%의 공정시장가액비율이 적용된

다. 1주택자인 경우 재산세 과세표준 5.4억 원은 시세로 약 17억 원~20억 원, 9억 원의 주택은 시세로 약 30억 원~38억 원 추정된다. 다주택자인 경우 재산세 과세표준 5.4억 원은 시세로 약 13억 원~14억 원, 9억 원의 주택은 시세로 약 20억 원~25억 원 정도 추정된다.

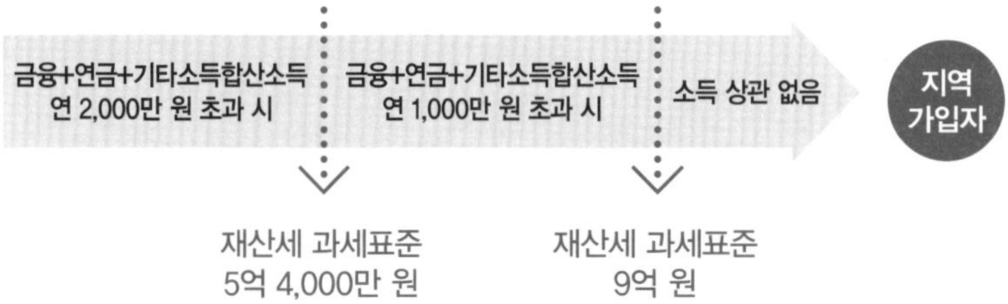

금융소득을 연도 중 확인하는 방법은 각 금융기관별로 확인이 필요하고 이자 지급시 이자소득원천징수 영수증을 발급 할 수 있다. 고객이 여러 금융기관을 이용할 때는 연도 중 금융소득발생정도를 파악하기는 곤란하다. 자산관리 효율성을 위해서 주거래 은행을 선정하여 거래하는 것도 좋은 방법이다.

종합소득세 신고시 확인하는 방법은 국세청홈텍스을 통해 확인하며 이때 공동인증서 등이 필요하다. 관할세무서에 방문하여 발급 요청을 할 때 신분증이 필요하고 연간 금융소득합계가 2,000만 원 미만인 경우 세무서에서는 확인이 불가하다.

PART 3

은퇴 자금 관리,
여름에 한 번, 겨울에 한 번
수익률 체크!

Q

IRP가 뭔지 DC가 뭔지 모르겠습니다

이제는 개인이 퇴직연금을 관리해 수익률을 높일 수 있습니다

사업주는 근로자의 정년을 60세 이상으로 정하여야 한다. 사업주가 근로자의 정년을 60세 미만으로 정한 경우에는 정년을 60세로 정한 것으로 본다. 이는 「고용상 연령차별금지 및 고령자고용촉진에 관한 법률」 제19조의 내용이다. 정부는 지난 2017년 1월 1일부터 근로자가 근무하는 모든 사업장에서 정년 연령을 60세 이상으로 의무화하도록 하는 내용의 법을 시행했다. 경찰이나 소방공무원 등 법령에 별도의 계급 정년을 둔 경우를 빼고 모든 근로자의 정년이 60세 이상으로 늘어나게 된 것이다.

하지만 이렇게 정년이 늘어난 지 꽤 오랜 시간이 흘렀지만 우리의 노후 걱정은 줄지 않고 있다. 치솟는 물가, 늘어만 가는 주거 비용, 국민연금 수급 연령 상향 조정 등 정년 이후 예견되는 팍팍하고 고단한 현실이 미래에 대한 불안을 키우고 있기 때문이다. 퇴직연금상품으로 늘어나고 있는 기대수명의 인생 동반자 역할을 할 수 있기에 자신 있게 가입을 추천할 수 있다.

퇴직연금

퇴직연금이란 퇴직하는 근로자의 노후 소득 보장을 위해 기업이 퇴직금을 금융기관에 적립하고, 근로자가 퇴직할 때 연금 또는 일시금으로 지급하는 법정 퇴직 급여 제도를 의미한다. 퇴직연금 종류에는 회사가 관여하는 확정 급여(DB)형, 확정 기여형(DC)형과 근로자가 스스로 관리하는 개인형 IRP(퇴직형)가 있다. 기업 입장에서는 매년 퇴직금을 적립함으로써 직원 퇴직금에 대한 자금 계획을 미리 마련할 수 있고 개인 입장에서는 퇴직금이 안전하게 보장되고 노후자금을 확보할 수 있는 계기가 될 수 있다.

확정 급여형은 회사가 운영하여 퇴직 시점에 목돈을 지급받는 전통적인 방식이며 확정 기여형은 개인이 운용하여 운용 수익을 불릴 수 있는 제도이다. 개인형 IRP는 노후 생활비를 위하여 개인의 선택에 따라 가입 유무가 자유롭다. 이직률이 높은 직장인의 경우 개인형 IRP를 활용하여 일시에 수령한 퇴직금을 차곡차곡 쌓기를 권한다.

퇴직연금 수령 옵션

퇴직금 수령 방법은 일시금 수령과 연금 수령으로 나눌 수 있다. 연금으로 수령 때 주기는 매월, 3개월, 6개월, 12개월이 가능하며 5년부터 50년까지 1년 단위로 선택할 수 있다. 만약 연금을 수령하는 도중에 목돈이 필요한 경우 일부 인출도 가능하다. 하지만 당해 연도 연금 수령 한도 내에서는 절세효과가 있고 초과분은 절세효과가 없다.

일시금으로 수령하는 경우 퇴직 소득세를 전부 납부해야 하나 연금으로 수령할 경우 퇴직 소득세 30%가 절세되어 70%만 세금을 납부하게 된다. 또한 연금 수령 기간으로 분산하여 세금을 납부하게 되므로 퇴직연금계좌 내에서 납부할 세금까지 운용하여 퇴직금 외의 추가적인 운용 수익을 얻을 수 있다. 최근에는 퇴직 소득세 절세 효과를 보고자 연금으로 수령하는 경우가 늘고 있다.

만약 55세 퇴직자가 개인형 IRP(퇴직금 수령용)로 퇴직금을 수령하고 생활비 300만 원을 필요 자금으로 계획한다면, 먼저 기존 개인형 IRP(세액 공제용)나 세제적격 연금저축을 월 100만 원

인출(100만 원 초과되면 종합과세나 분리과세 선택 가능)하고 개인형 IRP(퇴직금 수령용)에서 200만 원을 인출하여 생활비를 충당하기를 추천한다.

국민연금 수령(66년생의 경우 64세)까지는 보유 연금을 활용하고 국민연금을 수령하게 된다면 수령 예상액 월 100~150만 원만큼 개인형 IRP(퇴직금 수령용) 금액을 축소하여 퇴직금 수령 기간을 더 늘리기를 추천한다. 추가적으로 은행에 따라 연금 지급 기간 및 방법, 수수료 등에 차이가 있으므로 신중하게 비교한 후 연금 지급 방법을 선택하면 좋다.

Q 

퇴직금 계좌를 따로 만들어야 하나요?

개인형 IRP에 관해 알려드릴게요

개인형 IRP(개인형 퇴직연금, Individual Retirement Pension)란 소득이 있는 근로자 또는 자영업자 누구나 여유 자금을 적립하거나, 퇴직 또는 이직 시 받은 퇴직금을 수령 및 운용하기 위해 개인이 설정하는 개인 퇴직연금제도로 연금 수령을 위해 노후를 대비하는 은퇴 준비 상품이다.

개인형 IRP의 종류

유형	퇴직금 수령용 개인형 IRP	세액 공제용 개인형 IRP
목적	퇴직금 수령	세액 공제 및 노후 준비를 위해 개인의 여유 자금 적립
가입 대상자	퇴직(예정)자 (2022.04.14. 이후 퇴직한 근로자부터 개인형 IRP계좌로 퇴직금 지급 의무화 시행)	• 소득이 있는 누구나 가입 가능 • 퇴직금제도 적용 근로자 • 퇴직연금제도 가입자(DB, DC 가입자) • 퇴직급여제도 미설정 근로자 (1년 미만, 주 15시간 미만자 포함) • 특수직역연금 가입자(공무원, 교직원, 군인, 별정우체국 직원) • 자영업자(농어민 포함)

퇴직금 수령용 개인형 IRP 활용

A기업 퇴사 후 개인형 IRP에 입금하여 퇴직 소득세 절세를 받고 새로운 B기업의 퇴직금을 적립할 수 있고 향후 C기업에 이직하더라도 지속적으로 퇴직금을 입금하여 은퇴 시점에 연금이나 일시금 수령이 가능하다. 짧은 근무 기간 동안 쌓은 퇴직금을 소비하지 않고 인생 전반적으로 장기간 저축한다면 30년 이상 길어진 노후 생활의 버팀목이 될 은퇴 자금을 마련할 수 있다.

세액 공제용 개인형 IRP 활용

세액 공제용 개인형 IRP는 연간 900만 원까지 불입하여 연말소득공제를 118만 8,000원~148만 5,000원까지 환급받을 수 있다. 통상 세금 환급용으로 대부분 가입하는데 퇴직 시점에는 국민연금을 수령하기 전까지 이 세액 공제용 개인형 IRP 잔액을 활용하여 은퇴 후 소득 크레바스 기간의 수입을 충당하기도 한다. 일부 공무원연금을 수령하는 사람들은 그 연금소득으로 생활비를 사용하고 퇴직 5년 전후로 해외여행, 골프 등 취미생활 비용으로 개인형 IRP를 활용하는 경우도 있다.

납입 한도

구분	내용
여유 자금 납입용	전 금융기관 합산 연 1,800만 원 이내(연금저축계좌 합산)+ISA 계좌 만기 시 연금계좌로 전환 금액
퇴직급여 수령용	퇴직금 수령 범위 내 (퇴직금을 일시금으로 수령한 경우 수령일로부터 60일 이내 입금 가능)

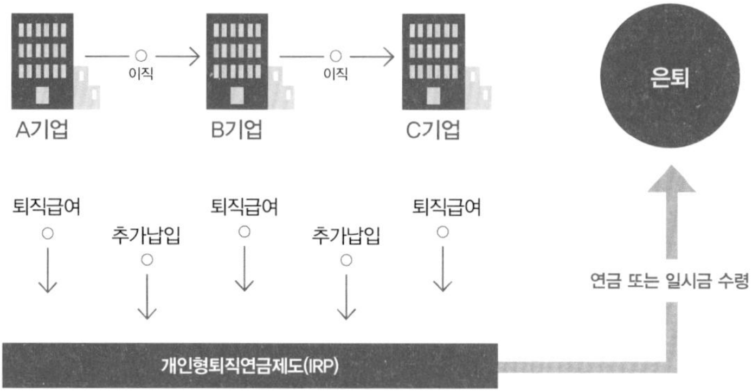
A기업
이직
B기업
이직
C기업
은퇴
퇴직급여
추가납입
퇴직급여
추가납입
퇴직급여
연금 또는 일시금 수령
개인형퇴직연금제도(IRP)

Q

덜컥 IRP상품에 가입했는데 계속 유지할 수 있을지 모르겠어요

연령별 개인형 IRP 활용방법

퇴직연금 운용은 고객의 연령이나 투자 성향에 따라 포트폴리오를 달리해야 한다. 일반적인 생애 주기를 바탕으로 연령별 주요 이벤트를 예측해보고 '100-나이' 법칙을 활용한 상품을 추천해보았다.

20·30대

20·30대의 경우 목돈 마련이 우선이지만 경제적 여유가 있다

면 세액 공제를 받을 수 있는 금액(900만 원)만큼만 불입하는 것을 추천한다. 다른 일반적인 단기 적금보다는 유리한 상품으로 선정할 수 있다. 연말정산 소득공제 환급금액만 하더라고 16.5%(900만 원 불입하는 경우 148만 5,000원 환급 가능) 금액에 해당하니 3~4% 이율을 적용해주는 적금보다는 훨씬 좋은 상품이다. 하지만 꼭 여유 자금을 활용해야 한다. 중도에 해지하게 되면 세액 공제를 받았던 납입금과 운용 수익에 대해 기타 소득세 16.5%가 부과되기 때문이다.

20·30대는 상대적으로 은퇴 자금을 준비할 시간이 충분하므로 소액이라도 적립하면 상당한 복리 효과를 누릴 수 있다. 25년 이상 매월 75만 원씩 불입한다면 연 10% 가정 시 10억 원의 목돈 마련을 예상할 수 있다. 그리고 매년 148만 5,000원씩 환급받으면 25년 후 3,712만 5,000원의 환급합계금액을 받는 셈이 된다.

20~30년 이상의 긴 기간을 투자할 수 있기 때문에 투자 상품 비중을 '100-나이' 법칙을 활용해 70~80% 이상 가져가야 하며 퇴직연금 내에서 자유롭게 펀드나 ETF 등을 매매할 수 있다. 미국의 인플레이션이 안정화된다면 금리가 내려갈 확률이 높으므로 채권형 상품을 매입하는 것도 좋을 듯하다.

[월 75만 원을 25년 동안 연 10% 운용시 약 10억 원 예상] (단위 : 원)

년 \ 수익률	5.00%	7.00%	10.00%	15.00%
10년	₩116,946,967	₩130,570,852	₩154,914,015	₩208,992,954
15년	₩201,301,986	₩239,108,433	₩313,443,199	₩507,647,320
20년	₩309,559,732	₩392,974,049	₩574,272,682	₩1,136,966,231
25년	₩448,493,249	₩611,097,833	₩1,003,417,761	₩2,463,055,301

40·50대

40·50대는 가정적으로도 안정기이며 회사에서도 일정한 지위에 올라 연봉 또한 많아져서 연말정산 세금 납부가 많은 연령층이다. 만약 개인형 IRP금액을 소액으로 납입하고 있다면 이번을 계기로 증액을 추천한다. 앞으로 회사 생활이 10년 전후로 남아 있기 때문에 일정한 수입이 지속될 때 꾸준히 노후자금을 준비해야 한다. 연금저축세액 공제 한도가 900만 원이니 최소한 한도 금액까지는 납입을 추천한다. 만약 매월 100만 원씩 올해 1,200만 원을 납입하였다면 올해는 900만 원 연말정산 혜택을 받고 내년에 추가적으로 300만 원을 이월하여 혜택을 받을 수 있다. 연금저축 납입금액은 원하는 연도에 이월 적용이 가능하니 참고하자.

투자 기간이 10년 이내이므로 TDF펀드와 정기예금 비율을 6:4 혹은 5:5로 추천한다. TDF펀드(Target Date Fund)는 펀드운용사가 투자자의 생애주기, 연령에 따라서 채권과 주식의 비중을 알아서 조절해주는 생애 주기형 펀드이다. 자신의 연금 수령 니즈에 따라 TDF의 종류를 선택하면 된다.

50대 이후

퇴직 시 연금을 수령하게 되는데 IRP와 연금저축계좌의 수령액이 연간 1,500만 원이 넘는 경우 종합과세와 분리과세 중 하나를 선택할 수 있다. 보유하고 있는 연금저축(연금펀드, 연금보험, 연금신탁, IRP) 금액이 많아 수령액이 연간 1,500만 원을 초과할 것 같다면 수령 기간을 늘리기는 것을 추천한다.

50대 이후의 연금 수급자는 TIF펀드와 정기예금을 4:6으로 가입해 지속적인 노후자금 인출이 가능하도록 플랜을 짜면 좋다. TIF펀드(Target Income Fund)는 노후자산관리에 특화된 펀드, 자신이 평생동안 모아온 연금 자산을 효과적으로 유지하고 활용할 수 있도록 변동성을 최소화하여 운용하는 연금 인출형 펀드이다. 최근 상담을 하다 보면 퇴직연금에 가입하고 연금 계좌에 관심 없는 경우가 굉장히 많았다. 1년에 적어도 2번, 6개월에 한 번은 꼭 수익률과 상품들을 확인해보고 운용이 미진한 상품은 전문가의 상담을 받아 시기에 맞는 적정 상품으로 리밸런싱하기를 추천한다.

한편 자신의 노후 연금설계를 직접 해보고 싶다면 국민연금 홈페이지의 '내 연금 알아보기(www.nps.or.kr)', 금융감독원이 만든 통합연금포털(100lifeplan.fss.or.kr)를 활용해보자.

Q 

연말정산 때 세금을 토해냈어요

여유 자금이 있으면 연금저축 세액 공제 900만 원 챙겨보세요

2023년부터 개인형 IRP와 연금저축을 합쳐서 최대 900만 원까지 세액 공제가 가능해졌다. 이에 따라 연금저축 3인방인 연금저축신탁, 연금저축펀드, 연금저축보험은 연간 납입 한도가 600만 원으로, 개인형 IRP는 연간 납입 한도가 900만 원(연금저축 포함)으로 세액 공제 범위가 확대되었다. 예를 들어 연금저축에 600만 원 납입하고 IRP에 300만 원을 납입하면 최대 한도 900만 원을 채울 수 있다. 여유 자금이 있고, 세액 공제를 조금이라도 더 받고 싶다면 납입액을 추가해 900만 원 한도를 맞추는 것도 방법이다. 연말정산 시 개인연금 상품을 어떤 식으로 관리하면 좋을지에 대해 알아보자.

개인형 IRP 포트폴리오 조정하는 법

개인형 IRP 세액 공제 한도가 900만 원이므로 연간 불입 금액을 확인해야 한다. 일시적으로 불입이 부담된다면 급여에서 소액이라도 매달 자동이체를 실행하고 12월에 금액을 체크하여 부족한 금액을 채우는 것을 잊지 말아야 한다. 통장 잔액을 체크하면서 나의 개인형 IRP 계좌의 수익률은 어떤지, 보유하고 있는 상품들이 현재 시황에 맞는지 등도 함께 확인 후 거래은행의 전문가와 상담을 하는 것도 좋다.

개인형 IRP 포트폴리오를 점검하는 방법은 첫 번째 매월 불입하는 입금 예정 상품의 비율을 조정하고 두 번째 기존에 불입한 통장의 잔액인 보유 상품 교체매매를 실시해야 한다.

50대 개인형 IRP 포트폴리오 예시

입금 예정 상품 포트폴리오

상품 유형	비율
해외채권형펀드	60%
미국나스닥ETF	20%
미국S&P ETF	20%
합계	100%

보유 상품 포트폴리오

상품 유형	비율
TDF 2030 (환헷지)	25%
TDF 2030 (환오픈)	25%
해외대체투자	10%
해외채권형 펀드	20%
미국나스닥ETF	10%
미국S&P ETF	10%
합계	100%

※해외채권형 펀드

미국의 근원 소비자물가 상승률은 둔화 추세가 지속되고 이러한 흐름이 이어진다면 중기적 시계에서의 금리 인하 가능성이 높아지므로 채권형 펀드를 구성했다. 기존 일정 수익을 얻은 펀드를 환매해 금리 인하 시기를 예측한 채권형 펀드 상품으로 교체매매한 상태이다.

※해외지수형 펀드

투자의 대가 워런 버핏은 자신이 죽은 뒤 유산으로 미국 국채에 10%를 투자하고 나머지 90%는 전부 S&P 500 인덱스 펀드에 투자하라고 말했다. 좋은 기업을 찾는 일, 시황에 맞는 펀드 상품을 선택하는 일 등에 시간과 노력을 쓰는 대신 장기투자 상품으로 미국 나스닥과 S&P500 지수를 추종하는 상품을 구성했다.

※TDF 2030(환헤지)

TDF 펀드(Target Date Fund)는 투자자의 은퇴 시점을 고려하여 자동으로 포트폴리오를 조정하는 펀드로서 주식 비중은 낮게 채권 비중은 높게 조정해 2030년에 안정적인 연금 수령이 가능하도록 상품을 구성했다.

※TDF 2030(환오픈)

환오픈형을 추가 투자함으로써 환율 상승에 따른 차익실현이 가능한 펀드 상품을 구성했다.

※환헤지와 환오픈의 해외상품을 투자할 때 국제 이슈, 기술 발전 등에 따라 달러 환율과 시장 상황이 변화함을 감안해 각각 투자 비율을 조정해 똑똑한 포트폴리오를 구성할 수 있다.

개인형 IRP로 어느 정도의 목돈을 마련할 수 있을까?

예를 들어 올해 50세의 가입자라면 매년 900만 원씩 개인형 IRP를 납입하고 세금 환급도 118만 원(공제율 13.2%)을 받는다면 수익률 연 6%로 가정할 경우 약 5,852만 원의 목돈을 마련할 수 있다. 개인형 IRP는 5년 이상의 기간 동안 연금으로 수령해야 하니 매년 1,000만 원 이상을 연납으로 수령하여 은퇴 이후 국민연금 수령 연령 전 경제적 공백을 메우는데 활용하는 것을 추천한다.

[월 75만 원을 5년 동안 연 6% 운용시 약 5,258만 원 예상] (단위 : 원)

수익률 / 년	3.00%	5.00%	6.00%	7.00%	8.00%
1년	₩9,147,599	₩9,247,513	₩9,297,930	₩9,348,657	₩9,399,694
3년	₩28,285,959	₩29,186,106	₩29,649,589	₩30,122,270	₩30,604,346
5년	₩48,606,247	₩51,217,081	₩52,589,160	₩54,007,895	₩55,475,026

*세금 환급예상액 [매년 1,188,000×5= 5,940,000]
5년 후 5,852만 원(5,258만 원+594만 원) 목돈 마련 가능함

국민연금 기금본부에서 발표한 자료에 의하면 2023년 12월 말 국민연금의 위험 자산 투자 비중은 약 61.6%(국내 주식+ 해외 주식 + 대체투자)이며 안전자산 비중은 38.4%이다. 또한 포트폴리오 설정 이후 연평균 수익률은 연 5.88%를 실현했다.

포트폴리오에서 가장 중요한 의사결정은 위험 자산의 최대 투자 비중을 결정하는 것이다. 전 국민이 가입한 국민연금의 수익률과 동일한 수익률을 추구하고자 하는 고객은 위험 자산과 안전자산의 비율을 6:4로 설정하면 된다. 이를 참고하여 자신의 개인형 IRP에 적용해보는 것도 좋은 방법이다. 위험 자산(주식)투자 수익률이 연평균 약 7~8%라면 전체 자산의 최대 50~70%를 위험 자산(주식)에 투자해야 연평균 6%의 수익을 얻을 수 있다.

안전자산(채권) 연평균 투자 수익률은 연 3.5%로 가정한다면, 전체 투자 수익률 연 6%를 만들기 위해 필요한 위험 자산(주식)투자 수익률은 다음과 같다.

자산별 유형	투자 비중		
위험 자산(주식)	30%	50%	70%
안전자산(채권)	70%	50%	30%
	↓	↓	↓
자산별 유형	자산별 요구수익률		
위험 자산(주식)	11.8%	8.5%	7.1%
안전자산(채권)	3.5%	3.5%	3.5%

국민연금 포트폴리오 현황

*전술적 외환익스포저 등을 포함한 수치임.
국민연금 2023년12월말 기준 위험 자산 투자비중 61.6%
(국내주식+해외주식+대체투자)

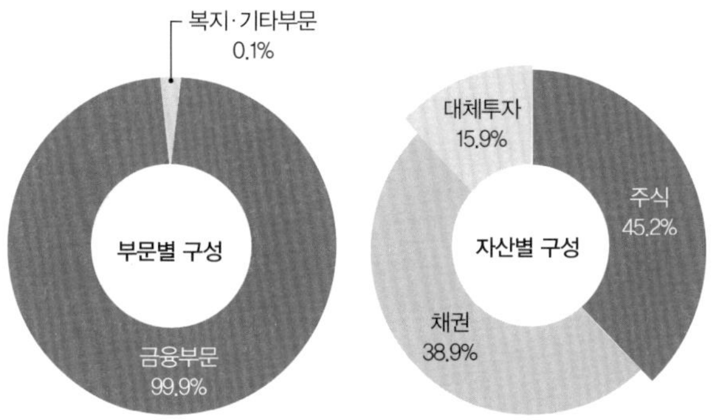

*단기자금 포함

구분	금액	비중
전체 자산	1035.8	100%
복지 부문	0.2	0.1%
금융 부문*	1035.2	99.9%
국내주식	148.0	14.3%
해외주식	320.4	30.9%
국내채권	326.0	31.5%
해외채권	73.7	7.1%
대체투자	164.2	15.9%
단기자금	2.5	0.2%
기타 부문	0.4	0.0%

출처 : 국민연금기금 운용본부

국민연금기금 수익률 현황

(금액가중수익률 기준, 단위: 조원, %)

구 분	2023년			운용 수익률		
	수익률	평가액	비중	2022년	2021년	설립이후 (1988~2023)
기금자산 계	13.59	1,035.8	100.0	-8.22	10.77	5.92
금융부문	13.61	1,035.2	99.9	-8.24	10.79	5.88
국내주식	22.12	148.0	14.3	-22.76	6.73	6.53
해외주식	23.89	320.4	30.9	-12.34	29.48	11.04
국내채권	7.40	326.0	31.5	-5.56	-1.30	3.61
해외채권	8.84	73.7	7.1	-4.91	7.09	4.02
대체투자	5.80	164.2	15.9	8.94	23.80	9.28
단기자금	4.23	2.5	0.2	-0.86	1.10	3.18
복지부문	0.94	0.2	0.0	-0.27	-2.19	5.74
기타부문	2.09	0.4	0.0	1.15	0.46	1.48

연도별 기금수익률(금액가중/시간가중) 현황

금액가중수익률	· 국민의 입장으로, 운용을 통해 획득한 총손익을 금액의 관점에서 직관적으로 계산한 수익률 · 수익금을 평균적인 투자 금액으로 나누어 계산한 수익률
시간가중수익률	· 운용자의 능력을 시장(벤치마크)과 비교 · 평가하기 위한 수익률 · 일별로 단위 수익률을 산출한 후 이를 연간으로 누적함으로써 자산 규모 변동 및 자금 유출입의 영향을 배제한 수익률

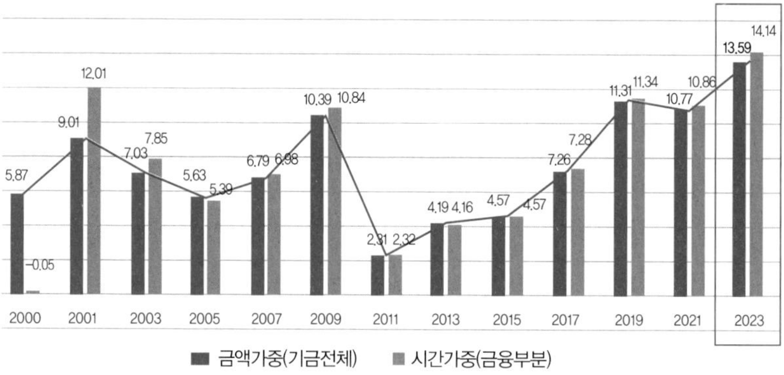

	2000	2001	2002	2003	2004	2005	2006	2007	2008	2009	2010	2011	2012	2013	2014	2015	2016	2017	2018	2019	2020	2021	2022	2023
금액가중(기금전체)	5.87	9.01	7.67	7.03	8.28	5.63	5.77	6.79	-0.18	10.39	10.37	2.31	6.99	4.19	5.25	4.57	4.75	7.26	-0.92	11.31	9.70	10.77	-8.22	13.59
시간가중(금융부문)	-0.05	12.01	8.13	7.85	8.61	5.39	5.87	6.98	-0.21	10.84	10.57	2.32	7.03	4.16	50.25	4.57	4.69	7.28	-0.89	11.34	9.58	10.86	-8.28	14.14

출처 : 국민연금기금 운용본부

Q

디폴트 옵션을 꼭 선택해야 하나요?

가만히 놔두면 은행 이자보다 낮으니 꼭 체크하세요

퇴직연금 가운데 확정기여형(DC형)이나 개인형 IRP(퇴직형)을 가지고 있다면 2023년 7월부터 시행된 사전지정운용제도(디폴트 옵션)를 신청해야 한다. 이해하기 어려운 금융용어가 나열돼 있다고 해서 덮어두고 무시하면 낭패를 볼 수 있다. 특히 개인형 IRP는 소득이 있는 모든 사람이 활용하기 좋은 대표적인 개인연금 상품이기 때문에 눈여겨보면 좋다. 퇴직연금 디폴트 옵션은 무엇인지, 어떻게 활용해야 좋은지 알아보고자 한다.

디폴트 옵션이란

퇴직연금 디폴트 옵션은 퇴직연금 수익률을 끌어올리기 위한 제도적 장치다. 퇴직연금 가입자가 적립금을 운용할 금융 상품을 결정하지 않고 방치할 때 미리 정해둔 운용 방법(디폴트 옵션 상품)에 따라 운용되는 제도이다.

제도 시행일은 「근로자퇴직급여 보장법」이 개정된 2022년 7월 12일부터였지만 1년 동안 유예기간이 적용됐다. 이에 DC형 퇴직연금과 개인형 IRP 가입자들은 2023년 7월 11일까지 디폴트 옵션을 지정해야 했다. 기존에는 예·적금의 만기가 도래하면 보유하고 있던 동일한 예금으로 재예치됐지만 2023년 7월 12일부터는 다르다. 기존 상품이 만기가 되는 자금은 현금성 대기자산으로 편입된다. 이는 보통 정기예금보다 금리가 낮아 수익률이 떨어질 수 있기 때문에 디폴트 옵션에 관심을 둬야 한다. 2024년 7월 현재는 기준금리가 높아서 현금성 자산 금리가 3.48%로 높지만 기준금리가 하반기에라도 인하된다면 정기예금보다도 낮을 확률이 높다.

디폴트 옵션을 신청한 가입자에게는 기존 상품의 만기 때 통보가 간다. 이후 4주 안에 퇴직연금을 운용할 상품을 별도로 고르지 않는다면 그다음 2주 후부터는 사전에 지정한 디폴트 옵션 상품으로 퇴직연금이 운용된다.

디폴트 옵션 고르기

디폴트 옵션 상품은 금융사가 최대 3개의 금융상품을 담아 포트폴리오 형태로 구성한다. 포트폴리오에 담을 수 있는 금융상품은 은행 예·적금 같은 원리금보장형 상품과 4가지 유형의 펀드다. 펀드는 생애주기펀드(TDF), 밸런스드펀드(BF), 스테이블밸류펀드(SVF), 사회간접자본펀드(SOC펀드)가 있다.

TDF는 디폴트 옵션 상품으로 승인된 펀드 가운데 가장 큰 비중을 차지하는 유형이다. 가입자가 목표 시점을 정하면 펀드가 알아서 주식과 채권 비중을 조정하는 상품이다. 보통 은퇴 시점과 가까운 시점을 목표 시점으로 두고 은퇴 시점까지 기간이 많이 남았을 때는 주식 등 위험 자산 비중을 높게 가져가다가 목표 시점이 다가올수록 그 비중을 줄인다. BF는 투자위험이 다른 다양한 자산에 분산투자하고 금융시장 상황과 자산가치 변동을 고려해 주기적으로 자산 비중을 조정하는 펀드다. SVF는 단기 안정적인 수익을 추구하는 펀드며, SOC펀드는 도로·항만 등 사회기반 시설에 투자한다.

원리금보장형 상품과 펀드를 혼합한 포트폴리오도 가능하다. 포트폴리오에 담은 상품 종류와 비중에 따라 위험도는 5등급(초저위험, 저위험, 중위험, 고위험, 초고위험)으로 나뉜다. 원리금보장형 상품 비중이 낮고 투자 상품인 펀드 비중이 높을수록 고위험으로 분류되며 초고위험은 1등급이다. 원리금보장형 상품만 담았다면 5등급으로 초저위험이다.

디폴트 옵션 상품을 선택할 때 가장 고려해야 할 조건은 자신의 투자 성향이다. 자신의 투자 성향에 따라 안정 추구형이라면 원리금 보장형 상품 비중을 높게, 적극 투자형이라면 펀드 비중이 높은 상품을 선택하는 것이 좋다.

TDF를 자신의 상황에 맞춰 적극 활용하길 추천한다. 예금과 TDF로 적절히 혼합된 포트폴리오를 활용할 수도 있다. 예를 들어 퇴직금 수령 후 약 5년 동안 연금 수령을 계획하고 있다면 연도별로 수령할 금액을 1~3년짜리 예금으로 분산 가입하고 나머지 금액을 TDF로 길게 운용한다면 당장 필요한 연금과 퇴직연금 수익률 두 마리 토끼를 잡을 수 있을 것이다.

디폴트옵션 제도 적용 절차

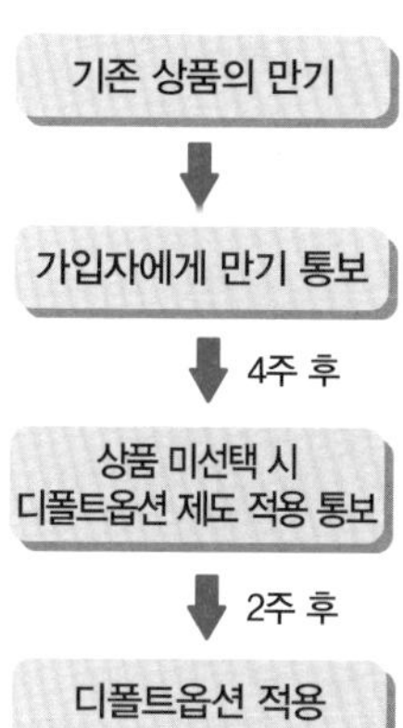

디폴트옵션 위험도 등급

자료: 금융위원회, 고용노동부

디폴트 옵션 허용 상품

생애주기 펀드(TDF)	은퇴 연령 등 투자 목표 시점에 따라 위험 자산 편입 비중 자동 조정
밸런스드 펀드(BF)	분산투자와 주기적 자산분배를 통한 장기 수익 추구
스테이블밸류 펀드(SVF)	단기금융상품 등에 투자해 손실 최소화하고 안정 수익 추구
사회간접자본 펀드(SCC펀드)	국가 정책에 따른 사회기반 시설사업 투자
원리금보장형 상품	은행 예금으로서 원금 보장 상품

Q

그래도 디폴트 옵션 선택이 어렵습니다

디폴트 옵션, 이것 5가지만 기억하세요

2023년 7월에 시행된 디폴트 옵션에 대해 어떤 상품을 골라야 할지, 옵션 설정 이후에는 어떤 변수가 있는지 등에 대한 인식이 부족하다 보니 제대로 디폴트 옵션 선택을 하지 못하고 주저하고 있는 사람들이 많다. 이에 디폴트 옵션 선택과 운용 관련 가장 궁금한 내용 5가지를 알아보고자 한다.

대기 기간 없이 곧바로 상품 변경 가능할까?

퇴직연금 사전 지정 운용 등록을 하고 6주간 대기 기간 없이 즉시 디폴트 옵션 상품으로 변경할 수 있을까? 디폴트 옵션 옵트인(Opt-in)을 활용하여 디폴트 옵션 상품으로 교체매매할 수 있다. 옵트인은 디폴트 옵션 상품으로 운용하기 위한 6주간의 대기 기간 없이 직접 디폴트 상품으로 교체매매하는 것을 의미한다. 또한 사전 지정 운용방법을 규약에 반영하지 않은 DC 업체의 가입자도 디폴트 옵션 옵트인으로 운용이 가능하다.

디폴트 옵션의 이점이 무엇일까?

디폴트 옵션에 운용되는 정기예금은 일반 정기예금 보다 높은 금리를 제공하고 펀드 또한 최저 수준의 판매보수가 책정된다. 고위험 투자 성향 고객의 경우 퇴직연금은 적립금의 70%로 위험 자산 한도 제한 규정을 적용받지만 디폴트 옵션 상품은 적립금의 70%를 초과하여 운용이 가능하니 수익률 제고에 효과적이다.

만기가 되면 저절로 재예치가 될까?

초저위험 포트폴리오 내 정기예금은 만기 시 재예치가 되지 않는다. 단 저위험, 중위험(정기예금+펀드)으로 이루어진 포트폴리오에 편입된 정기예금은 만기 재예치가 된다.

DC/개인형 IRP를 펀드로 운용하고 있는데 디폴트 옵션 선택해야 할까?

DC/개인형 IRP 내에 운용 중인 정기예금과 ELB 등 만기가 있는 상품은 사전 지정 운용 등록 대상이며 펀드 상품은 제외되나 퇴직연금은 장기간 유지되는 계좌로서 향후 상품이 추가될 수 있음을 감안하여 사전 지정 운용을 등록하길 추천한다.

연금 수령 중인데 대폴트 옵션 선택해야 할까?

연금 수령을 하는 경우에도 사전 지정 운용방법을 등록해야 한다. 또한 일반적으로 연금 수령고객은 고객이 정한 상품 매도 순위로 상품이 매도되지만 사전 지정 운용방법을 등록한 이후에는 디폴트 옵션 상품의 매수 비율에 따라 상품이 매도된다. 가령 디폴트 옵션 상품 정기예금 30%, TDF30%, 자산 배분펀드 40% 구성이라면 매월 연금 지급금액도 포트폴리오의 구성 비율에 준하여 지급된다.

Q

디폴트 옵션을 고르긴 했는데 수익률이 낮아요

퇴직연금 디폴트 옵션으로 수익률 높이는 비법이 있습니다

디폴트 옵션이란 퇴직연금 가입자가 별도로 운용 방법을 선택하지 않으면 자동적으로 사전에 지정된 포트폴리오로 운용되도록 하는 제도이다. 퇴직연금 DC, 개인형 IRP 계좌를 보유하고 있는 모든 고객에게 디폴트 옵션은 해당하는 사항이며 23년 7월 12일부터 본격적으로 시행되었다. 투자 성향 분석 후 자신에 맞는 상품을 선택하여 퇴직연금의 수익률을 높이는 것도 나의 자산을 늘리는 방법이라고 할 수 있다.

퇴직연금 DC, 개인형 IRP 가입자라면 디폴트 옵션에 관련해 SNS 메시지로 통지를 받아보았을 것이다. 그런데 막상 디폴트 옵션을 등록하려고 하면 상품군이 워낙 다양하고, 운용기관별로 기대되는 수익률도 제각각이어서 선택이 꽤 어렵다. 금융사 창구에도 상품 선택을 두고 고민 중인 사람들의 다양한 문의가 이어지고 있는 실정이다. 개인형 IRP뿐만 아니라 DC형 가입자들의 관심도 높아지고 있는 '디폴트 옵션'에 관하여 살펴보자.

디폴트 옵션 상품 종류가 많은데 어떤 것을 선택해야 하나?

디폴트 옵션 상품 종류는 은행마다 다르고 통상 초저위험, 저위험, 중위험, 고위험 등으로 구성되어 있는데 상품 선택은 개인의 투자 성향 분석 후 투자자 성향에 따라 상품운용방법을 지정하는 것이 현명하다.

대부분 초저위험은 정기예금으로 구성되어 있고, 저위험은 정기예금과 TDF 펀드, 중위험은 정기예금과 TDF 펀드, 자산 배분펀드로 구성되어 있고, 고위험은 TDF와 자산 배분펀드로 구성되어 있다.

가입자 투자 성향도 중요하지만 남아 있는 재직 기간을 고려한 투자 기간 또한 중요한데, 예를 들어 사회 초년생이 가입하는 경우는 투자 기간이 장기이기 때문에 투자 상품 비율이 높은 상품 포트폴리오를 선택하고 퇴직이 얼마 남지 않은 고객인 경우 투자 기간이 단기이기 때문에 투자 상품 비율이 낮은 포트폴리오를 선택하는 것을 추천한다.

퇴직연금 수익률 관리 비법

퇴직연금 수익률 관리를 위해 필요한 기본 요소는 바로 관심이다. 자신의 돈을 누구도 관리해 주지 않기 때문에 퇴직연금계좌에 대한 관심이 중요하다. 목돈을 모으려면 스스로 자산관리에 관심을 가지고 관리하여야만 원하는 기간에 원하는 목적 자금을 마련할 수 있다.

통상적으로 연말정산을 실시할 때 연금 불입액 및 수익률을 체크해보고 적어도 1년에 두 번 정도는 금융시장의 흐름에 따라 상품을 선택하는 것을 추천한다. 퇴직연금 내에서도 정기예금, 펀드, ETF 등 다양한 상품이 많지만 상품도 시장의 흐름에 따라 선택해야 할 상품들이 다르기 때문에 자신의 연금 자산을 방치해두지 말고 꼼꼼히 체크해서 포트폴리오 변경을 추천한다.

30대이고 연봉이 많지 않으면 퇴직연금은 결혼 후 안정을 찾은 시기에 가입하는 것을 고민해보자. 결혼 전에 가입한다고 하면 10만 원 이내에서 소액으로 가입하는 것을 추천한다. 이유는 결혼이라는 큰 이벤트가 있으므로 2~3년 안에 목돈을 마련하기 위해서는 연금계좌 가입은 조금 미루어도 좋다.

40대이고 결혼 후 부부가 함께 공동재산을 관리하고 연금계좌에 소액을 불입하고 있다면 30만 원 이상 증액하는 것을 추천한다. 이제 차곡차곡 모아서 50대 이후의 은퇴 자금을 마련해야 하기 때문이다.

50대에는 연봉이 높아지고 연말정산 시 세금을 추가로 내야 하는 상황이 많이 발생하므로 세액 공제 대상 최대 금액인 900만 원까지 불입하고 118만 8,000원(13.2% 적용)을 환급받을 수 있도록 하고 은퇴 후 여행자금 등 이벤트 자금을 마련하는 것도 좋은 방법이다. 55세 이후에 퇴직금을 연금계좌로 수령하면 납부할 세금의 30%를 절세할 수 있다. 그리고 국민연금 수령 전까지 생활비 명목으로 매월 지급받는다면 더 여유로운 은퇴생활을 누릴 수 있다.

Q

퇴직연금 수익률이 낮아 고민입니다

일 년에 두 번 점검해 상품을 조정해보세요

디폴트 옵션 제도가 도입되면서 퇴직연금 수익률에 대한 관심도 높아지고 있다. 하지만 디폴트 옵션은 회사가 정해둔 테두리 안에서만 옵션 선택이 가능하기 때문에 선택의 폭이 넓지 않은 경우가 많다. 좀 더 공격적인 상품을 선택하고 싶거나 다양한 금융사의 상품을 포트폴리오에 넣기를 희망한다면 개인형 IRP 가입을 고민해볼 필요도 있다.

직원 복지 차원에서 매달 개인형 IRP 계좌에 일정 금액을 넣어주는 회사들도 생겨나고, 퇴직 이후 연금의 중요성에 대한 인식도 높아지면서 개인형 IRP의 신규 가입과 기존 상품 리밸런싱 등에 대한 관심도 늘고 있다. 개인형 IRP 가입 시 유의점과 수익률 전략, 기존 가입자의 상품 리밸런싱 방법을 살펴보자

개인형 IRP는 여유 자금이 있을 때 고려한다

개인형 IRP는 통상 연말세액 공제 혜택 목적으로 가입하는 경우가 많다. 연말세액 공제도 총급여에 따라 최고 148만 5,000원~118만 8,000원까지 절세 효과가 있다.

하지만 개인형 IRP는 노후자금을 모으고자 하는 장기투자 상품으로서 목적도 가져야 하므로 여유 자금으로 불입하는 것을 추천한다. 일반 해지를 했을 경우 세제 혜택을 받았던 만큼 세금을 반환해야 하니 신중한 가입이 필요하다.

한편 개인형 IRP를 비대면으로 가입하는 경우 수수료율이 대면보다 저렴하거나 면제되니 활용하기를 권한다.

최근 개인형 IRP 가입자들이 증가하면서 수익률에 관심이 많아지고 금융기관들도 고객 유치를 위하여 수익률 관리에 신경 쓰고 있다.

안정성과 수익률 두 마리 토끼를 잡기는 쉽지는 않다. 투자 상품은 'High Risk, High Return, Low Risk, Low Return'의 원칙에 따라 움직인다. 투자자의 연령과 투자 기간을 고려하여 '100-나이'

법칙을 활용한 안정형 자산과 수익형 자산을 적절히 분배한 포트폴리오를 활용한다면 두 마리 토끼를 잡는데 지름길이 될 것이다. 가령 30세라면 포트폴리오 100-30=70이므로 30%(안정형 자산), 70%(수익형 자산)으로 분배한다.

연간 목표 수익률은 어느 정도로 정하는 게 좋을까?

2023년 12월 통계청 발표에 따르면 소비자물가상승률은 2022년 5.1%, 2023년 3.6% 상승하였다고 한다. 미래의 은퇴 자금으로 활용할 연금 자산은 최소한 물가상승률 정도는 수익을 얻어야 평균적인 은퇴생활을 할 수 있을 듯하다. 또한 10년 이상의 장기 상품이기 때문에 보수적으로 연 5%의 수익을 추구하여도 무리수이지는 않다.

매월 50만 원씩 연 5%의 수익률을 추구한다면 25년은 약 3억 원을, 매월 100만 원씩 연 5%의 수익률을 추구한다면 25년 후 약 6억 원의 은퇴 자금을 마련할 수 있다.

[월 50만 원을 25년 동안 연 5% 운용시 약 3억 원 예상]

(단위 : 원)

년 \ 수익률	4.00%	5.00%	6.00%	7.00%
10년	₩73,870,319	₩77,964,644	₩82,349,372	₩87,047,234
15년	₩123,455,395	₩134,201,324	₩146,136,403	₩159,405,622
20년	₩183,998,604	₩206,373,154	₩232,175,550	₩261,982,699
25년	₩257,921,656	₩298,995,499	₩348,229,466	₩407,398,556

[월 100만 원을 25년 동안 연 5% 운용시 약 6억 원 예상]

(단위 : 원)

년 \ 수익률	4.00%	5.00%	6.00%	7.00%
10년	₩147,740,637	₩155,929,289	₩164,698,744	₩174,094,469
15년	₩246,910,790	₩268,402,648	₩292,272,806	₩318,811,243
20년	₩367,997,208	₩412,746,309	₩464,351,100	₩523,965,399
25년	₩515,843,313	₩597,990,999	₩696,458,932	₩814,797,111

1년에 2회, 2가지를 체크한다

개인형 IRP 수익률을 높이고 싶다면 투자자의 관심이 가장 중요하다. 가입 시점의 상품 선택부터 신중을 기해야 한다. 최근 관심을 두는 상품에는 저축은행예금, TDF, 자산배분펀드, ETF 등이다. 자산 시장에 대한 관심이 없다면 디폴트 옵션 상품들에서 저위험만 선택하더라도 8%대의 수익률을 실현할 수 있을 것이다. 2023년 12월 말 기준 디폴트 옵션 포트폴리오 수익률은 초저위험은 4.41%, 저위험은 8.3~8.4%, 중위험은 11.09%, 고위험은 13.05%을 실현하고 있다.

IRP 수익률은 연말정산 시기와 여름휴가시즌에 체크한다고 정해보자. 6개월마다 1년에 2회 수익률을 체크해보고 포트폴리오를 점검해보는 것이다. 점검이 필요한 이유는 시장의 흐름에 따라 선택해야 하는 투자 상품 유형도 변경되기 때문이다. 또 포트폴리오에는 하나의 상품만 담지 말고 정기예금, 펀드, ETF, TDF 등 다양한 상품을 담는다. 비율을 조정하여 투자자의 위험 성향과 목표 수익률을 맞추도록 해야 한다.

개인형 IRP계좌 내의 운용 상품을 변경하려면 두 가지를 체크해야 한다. 첫째는 현재 보유하고 있는 잔액(보유상품품 교체 매매)을 다른 상품으로 교체해야 한다. 둘째는 매달 불입하는 불입액(부담금의 운용지시)의 상품 포트폴리오를 변경하는 것이다. 포트폴리오가 어렵다면 금융기관에서 신중하게 고려하여 구성한 디폴트 옵션 상품 중 자신의 성향에 맞는 상품을 선택하여 편리한 투자 세계에 입문하는 것도 좋다. 참고로 대부분의 은행 디폴트 옵션 상품은 TDF, 정기예금, 자산배분 펀드 등으로 구성되어 있다.

4

PART

은퇴 자금 플랜, 우선 내게 걸맞은 노후 생활비 선정이 핵심!

Q 

퇴직 후 수입이 끊기면 버틸 수 있을지 고민입니다

개인형 IRP 계좌를 활용해보세요

50대 후반 S씨는 곧 30년 동안의 직장생활에 마침표를 찍는다. 인생 2막에 설레는 한편 걱정이 크다. 퇴직금으로 5억 원이라는 목돈이 들어오긴 하지만 정기적인 소득이 없어지기 때문이다. 국민연금을 받기까지도 7년 정도의 시간이 남았다. 지출을 조금이라도 줄여야겠다고 생각하던 중 퇴직금 절세방법이 있다는 이야기를 들었다. 방법이 궁금해졌다.

은퇴를 앞둔 직장인은 '은퇴 크레바스'에 불안해진다. 은퇴 후 공적연금을 받을 때까지 소득이 없어 마치 빙하의 갈라진 틈처럼 깜깜한 시기다. 최근 물가까지 상승하면서 노후자금 관리와 개인연금의 중요성이 더욱 높아지고 있다. 퇴직금 활용전략을 잘 세워두면 절세를 통해 은퇴 후 소득 공백기 우려를 조금이나마 덜 수 있다. 은퇴 크레바스를 메울 수 있는 퇴직금 절세방법을 알아보자

일시금으로 받기보다 개인형 IRP로

퇴직금을 받을 땐 일시금으로 받을지 연금으로 받을지 선택하게 된다. 퇴직금을 일시에 받으면 투자 등 활용처가 다양하다. 하지만 세법상 퇴직금에는 퇴직 소득세가 붙어 세금 부담이 생긴다. 법정퇴직금뿐만 아니라 명예퇴직금·퇴직위로금 등에도 세금이 부과되기 때문에 퇴직금에 대한 세금 부담은 예상보다 더 클 수 있다.

퇴직금을 노후자금으로 잘 활용하려면 개인형 IRP(퇴직형) 계좌를 만드는 것부터 시작해야 한다. 개인형 IRP를 이용해 연금으로 수령하면 일시금으로 받는 것보다 절세 측면에서 유리하기 때문이다. 일시금을 선택하면 퇴직 소득세를 모두 내야 하지만 개인형 IRP 등 연금 계좌로 받으면 '과세 이연' 효과가 있다. 퇴직금을 받는 시점에 연금 계좌로 받지 않았더라도 60일 이내 IRP 계좌로 입금한 후 퇴직금을 인출할 때 퇴직 소득세 부담을 미룰 수 있다.

특히 개인형 IRP를 추천하는 이유는 퇴직 소득세 감면 혜택에

있다. 개인형 IRP로 받은 퇴직금을 55세 이후 연금으로 나눠 수령하면 퇴직 소득세 30%를 감면받을 수 있다. 이때 유의해야 할 점은 연금 수령 한도다. 이는 세법상 연금으로 인정되는 금액을 말한다. 매년 초 계좌의 평가액을 기준으로 연간 한도가 정해진다. 10년 이내 기간 동안 연금 수령 한도 안에서 퇴직금을 인출해야 퇴직 소득세 30% 감면 혜택을 받을 수 있다. 연금 수령 한도를 초과한 연금은 퇴직 소득세를 모두 내야 한다. 따라서 연금 수령 한도에 맞춰 연간 퇴직금 인출 규모를 계획하면 자연스럽게 절세 효과를 누리며 연금을 받는 셈이다.

얼마나 절세할 수 있을까

S씨가 개인형 IRP를 통해 연금으로 퇴직금을 수령한다면 얼마를 아낄 수 있을까. 30년 근속한 S씨가 5억 원의 퇴직금을 수령할 때 퇴직 소득세율은 개인마다 차이가 있지만 가령 8%로 예상한다면 4,000만 원의 세금이 부과된다. 일시에 찾는다면 4,000만 원을 모두 납부해야 하는 반면 5년 동안 연금으로 나눠 받는다면 퇴직 소득세가 30% 감면돼 최종적으로 내는 세금은 2,800만 원이다. 1,200만 원의 절세 효과가 있는 것이다.

여기에 절세 효과를 극대화하는 방법이 하나 더 있다. 연금 수령 기간을 늘리는 것이다. 연금 수령 기간이 10년을 초과하면 연금 수령 한도와 상관없이 퇴직 소득세가 40% 감면된다. 연금 수령 11년 차부터는 연금규모를 최대로 늘리기 좋은 때이기도 하다. 다만 퇴직금이 모두 인출된 후를 주의해야 한다. 이때부터는 과거 세액 공제를 받으며 개인형 IRP에 부었던 개인 부담금과 그동안의 운용 수익이 연금으로 인출된다. 그런데 이 금액이 1년에 1,500만 원을 넘으면 다른 소득과 합산돼 '종합과세 대상'이 되는 등 높은 세금이 부과될 수 있다. 따라서 퇴직금이 모두 인출된 시점부터 연금 수령 기간을 늘린다면 추가적인 세금 납부에 대한 고민을 덜 수 있을 테니 기억해두자.

퇴직금, IRP 이용해 연금으로 수령해 절세하기

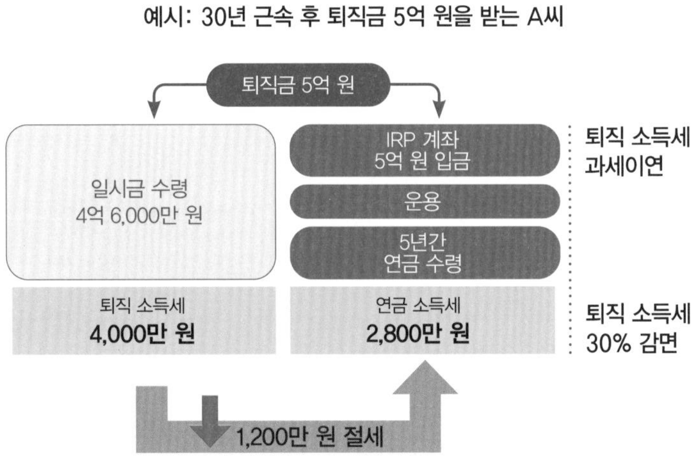

Q 

연금 상품이 여러 개인데 수령 순서가 궁금합니다

수령 방법에 따라 발생하는 세금을 비교해보세요

56세인 P씨는 30년 동안 서비스직에 근무하다 작년 연말에 명예퇴직을 하였다. 막상 퇴직금을 수령하고 나니 여기저기 문의를 해서 퇴직 소득세 절세를 조금은 이해를 했지만 일생에 한 번 발생하는 것이라서 어렵기만 하다. 재직 시절에 가입했던 연금 상품들의 세금 관련 내용이 궁금한데 유트브를 봐도 은행원들에게 물어보아도 시원한 답을 얻을 수 없어서 상담을 의뢰하게 되었다.

연금저축신탁을 보유하고 있는데 어떻게 찾아야 절세될까?

연금저축신탁을 해지하거나 변경하려면 국세청 홈택스에서 '연금보험료 등 소득·세액 공제확인서'를 발급받아서 금융기관에 내점하면 편리하다. P씨는 연금신탁 잔액이 많은 것을 보니 연말 소득공제를 일부만 받았을 확률이 높다.

확인해본 결과 1억 3,000만 원 중 7,000만 원을 소득공제 받지 않아서 비과세 금액에 해당되었다. 담보 대출이 9,000만 원이라서 7,000만 원은 비과세 인출하여 상환하고 나머지 6,000만 원을 5년으로 연금 수령하고 연금 수령 주기도 연납으로 선택한다면 1,200만 원을 바로 지급받을 수 있다. 결국은 8,200만 원의 대출을 상환할 수 있는 것이다. 남은 대출 800만 원은 여유 자금으로 상환하기로 했다.

그러면 P씨는 2024년 개정세법에 따라 연금소득분리과세 한도가 1,500만 원으로 증액되어서 추가적인 세금 이슈도 발생하지 않는다. P씨가 대출을 급히 상환하고자 일시해지를 하는 경우 16.5%의 기타소득세과 과세되어 세금이 990만 원이 발생한다. 만약 연금으로 수령할 경우는 연금 소득세 5.5%가 적용되어서 330만 원의 세금이 발생한다. 일시해지와 연금 수령을 비교하여 660만 원의 차액이 발생하므로 연금 수령을 선택하기로 했다. P씨가 연금 수령을 했을 때와 일시 해지를 했을 때의 세금을 비교하면 다음 표와 같다.

구분	비과세	과세	세율	금액
일시 해지 시	7,000만 원	6,000만 원	16.5%	990만 원
연금 수령 시	7,000만 원	6,000만 원	5.5%	330만 원
–	–	–	차액	660만 원

일부 인출해서 대출금을 상환하면 세금에 어떤 영향이 미칠까?

P씨는 퇴직금으로 명예퇴직금을 포함하여 5억 700만 원을 수령하였다. 여기에는 세금 5,000만 원(10%세율 적용)이 포함되어 있다. 55세 이상으로서 퇴직형 IRP가 아닌 일반 입출금통장으로 수령하였다면 세금 5,000만 원이 차감된 4억 5,700만 원이 입금되었을 것이다. 이럴 경우에는 60일 안에 퇴직형 IRP계좌로 이체한다면 세금 5,000만 원에 대한 원천징수 과세이연 절차를 진행하여 환급금액이 개인형 IRP계좌로 입금되고 연금 수령 기간 동안 분할하여 세금을 납부하게 된다. 개인형 IRP계좌에 퇴직금을 전부 이체하고 연금으로 수령시 세금이 30~40% 절세되기 때문에 가능하면 연금으로 수령하는 것을 권한다.

P씨의 회사는 퇴직연금을 2013.2.28일 이전에 도입하여서 연금 수령을 최소 5년으로 수령 할 수 있다. 대출금이 2억 7,000만 원이므로 방법 1과 방법 2를 고려해보았다. 결론적으로는 매월 대

출금 이자 73만 원을 납부할 여력만 있다면 방법 2를 선택하여 약 250만 원의 차익을 보는 것을 추천한다.

[방법 1]

1년 차 연금 수령 한도 내				
연금 한도 계산식	한도 금액	세금 계산식	세금 금액	수령액
507,118,000÷5×120%	121,708,320	121,708,320×10%×70%	8,519,580	113,188,740
연금 수령 한도 외				
대출 상환 부족 금액	필요 금액	세금 계산식	세금 금액	수령액
	175,000,000	175,000,000×10%	17,500,000	157,500,000
합계	296,708,320	–	26,019,580	270,688,740

*연금 수령 한도 = 연금계좌 평가금액÷(11–연금 수령 연차)×120%

[방법 2]

1년 차 연금 수령 한도 내				
연금 한도 계산식	한도 금액	세금 계산식	세금 금액	수령액
507,118,000÷5×120%	121,708,320	121,708,320×10%×70%	8,519,580	113,188,740
2년 차 연금 수령 한도 내				
연금 수령 한도 계산식	한도 금액	세금 계산식	세금 금액	수령액
385,409,680÷4×120%	115,622,900	115,622,900×10%×70%	8,093,600	107,529,300
연금한도외				
대출상환 부족 금액	필요금액	세금 계산식	세금 금액	수령액
	55,000,000	55,000,000×10%×70%	5,500,000	49,500,000
–	292,331,220	–	22,113,180	270,218,040

※대출금 이자가 연 5%라고 가정할 경우

※대출금 이자는 157,500,000×5%=7,875,000원

※개인형 IRP계좌에서 수익을 얻을 수 있는 정기예금이자 175,000,000×3.7% (2024년 7월 기준)=6,475,000원

※방법 1과 방법2 세금차액은 3,906,400원(26,019,580–22,113,180)이다.

※방법 2를 선택하면 2,506,400원(6,475,000+3,906,400–7,875,000)이 이익이다.

현재 금리와 주가 상태에 유리한 퇴직연금을 추천해준다면?

퇴직연금 IRP 내에서는 정기예금, 펀드, ETF 등 다양한 상품과 금액 분할이 가능하다. 또한 납부할 퇴직 소득세도 연차별로 분할 납부하기 때문에 세금 금액도 복리운용이 가능한 장점이 있다.

P씨의 경우 대출금을 상환해야 하는 상황이므로 방법 2를 선택하였다면 2년 차에 일부금액을 인출해야 하므로 1.7억 원은 정기예금 1년으로 가입해야 한다. 나머지 2.1억 정도는 P씨의 연금 수령 계획에 따라 기간을 분할하여 상품에 가입한다. 이때 P씨의 투자 성향에 따라 포트폴리오를 구성해야 하는데 통상은 10~20% 투자 자산을 권한다. 개인형 IRP상품 내에서도 인출 순서를 지정할 수 있기 때문에 먼저 원리금보장형 상품을 인출하고 연금 지급 마지막 시기에 투자 상품을 인출하게 되면 투자 상품의 위험 부담을 줄일 수 있다.

만약 대출상환 후 매달 300만 원의 생활비를 원한다면 만기 1년(3,600만 원), 만기 2년(3,600만 원), 만기3년(3,600만 원)으로 기간 분산하여 저축은행 정기예금을 가입하고 나머지는 4년 이상으로 원리금 보장형과 원리금 비보장형(TDF, TIF)등으로 포트폴리오를 구성하기를 추천한다.

(단위 : 만 원)

상담 전 자산 및 부채 현황					
자산	연금신탁	13,000	부채	신탁담보	7,000
	퇴직형 IRP	50,711		일반대출	27,000
	총계	63,711		총계	34,000

상담 후 자산 및 부채 현황					
자산	연금신탁	6,000	부채	일반대출	15,700
	퇴직형 IRP	38,541			
	총계	44,541		총계	15,700

Q 

물가상승률만큼 연금 자산을 운용하고 싶어요

비과세분 먼저 수령하고 나머지로 운용해보세요

L씨는 연말에 회사를 퇴사하고 비슷한 업종으로 재취업을 하게 되었다. 앞으로 2년 정도는 소득이 발생하여 특별하게 연금을 수령할 계획은 없다. 퇴직금을 입출금통장으로 수령하였고 기존에 가입되었던 개인형 IRP계좌 잔액과 합산하여 재직 기간 2년을 효과적으로 운용하고 싶다.

특히 현재는 판매중지된 연금신탁에 불입되어 있는 자금 운용에 대한 조언도 듣고 싶다. L씨는 투자 경험이 별로 없어서 퇴직금을 투자 상품에 가입하여 손실을 보는 것에 대해서는 조금 두려움이 있다. 퇴직금과 연금상품 운용 성과를 높여서 향후 미래에 여유로운 은퇴생활을 하고 싶다.

퇴직금은 어떤 상품으로 운용해야 할까

56세인 L씨는 입출금통장으로 수령한 퇴직금을 개인형 IRP계좌로 60일 이내에 옮겨야 한다. 만 55세 이상은 60일 이내에 개인형 IRP계좌에 입금하면 퇴직 소득세를 절세할 수 있다. L씨의 퇴직 소득세는 약 940만 원으로 개인형 IRP계좌에 입금 후 5년 이상의 연금으로 수령한다면 퇴직 소득세의 30%인 282만 원을 절세할 수 있다. 10년 이상 연금으로 수령한다면 40%의 절세 혜택을 받을 수 있다.

이때 추가적으로 10만 원 이상을 인출하게 되면 실수령 연차에 포함되어 10년을 초과하여 연금 수령시 40% 절세에 해당될 수 있다. L씨처럼 2년 동안 소득이 있으면 굳이 연금을 인출하지 말고 1년에 한 번 10만 원만 인출한다. 1년에 한 번은 개인형 IRP에 관심을 가지라는 의미라고 여기고 매년 연 초에 영업점에 방문하여 10만 원씩 인출하는 것이다.

개인형 IRP는 1사 1통장만 가능하지만 예외적으로 기존에 보유하고 있는 개인형 IRP계좌(세액 공제용)를 연금 지급 등록한다면 퇴직금을 수령하기 위한 개인형 IRP계좌(퇴직형)를 개설할 수 있다. L씨는 우선 기존 3,950만 원 잔액의 개인형 IRP계좌(세액 공제용)를 연금 지급 등록해야 한다. 그리고 개인형 IRP계좌(퇴직형)를 신규 개설하여 2억 1,900만 원을 불입하고 이후 상품운용지시를 잊지 않고 등록해야 한다.

L씨는 투자 상품 경험이 없고 퇴직금은 꼭 안전하게 예치해야 한다는 고정관념을 가지고 있어서 일단 2억 1,900만 원은 정기예금 상품을 추천했다. 구체적으로는 미국의 인플레이션 완화가 예상되고 하반기에는 금리가 인하될 듯하여 장기 2년 만기 정기예금 상품이었다. 재취업 기간인 2년 동안 연말정산을 받을 예정이라 퇴직형 개인형 IRP계좌를 범용 개인형 IRP 계좌로 전환하여 매월 75만 원씩 자동이체등록을 했다. 2023년부터 연금소득공제는 900만 원까지 불입하면 최고 148만 5,000원 세금을 돌려받을 수 있는 것을 감안하여 매월 고정적으로 불입금을 선정했다.

연금신탁상품은 유지해도 될까?

L씨가 보유하고 있는 연금신탁은 현재 판매 중지된 상품으로 연 4% 정도의 수익률이 실현되고 있고 담보 대출은 연 5.3%이다. 먼저 연금신탁 잔액 중 연말소득공제 과세 제외 절차를 밟아 비과세 금액을 일부 인출하여 담보 대출 1억 원을 상환해야 한다. 과

세 제외 절차를 하기 위해서는 '연금보험료 등 소득·세액 공제 확인서'를 국세청 홈택스, 세무서 등에서 발급받아 거래하는 은행에 방문해야 한다.

매년 연말정산을 하면서 연간 연금세액 공제 납입 한도내 금액에 대하여 납입연도에 세액 공제 혜택이 가능하므로 세액 공제 받지 않았던 납입금액은 과세제외 절차를 거치면 연금을 수령하거나 해지 시 비과세가 적용된다. 이때 연금 상품 4종(연금보험, 연금신탁, 연금펀드, 개인형 IRP)은 불입금액과 국세청 자료를 비교하여 금융기관에서 과세 제외 처리를 해준다. '연금보험료 등 소득·세액 공제 확인서'는 매년 7월 1일에 발급되기 때문에 전년도 초과 연금불입액에 대해서 과세제외 적용을 받으려면 7월까지 기다려야 한다.

L씨는 과세 제외 금액이 약 1억 원이어서 비과세 금액을 인출하여 신탁담보 대출금을 상환하고 나머지 5,200만 원은 5년 동안 연금으로 수령하기를 추천한다. 일시에 찾는다면 16.5%기타소득세가 과세되기 때문에 가능하면 연금으로 수령하여 5.5%의 세율을 적용받는 것이 유리하다. 연금 수령 시 연금신탁과 개인형 IRP 합계 금액 중 세액 공제 받았던 금액은 연 1,500만 원을 초과하지 않도록 주의하여야 한다.

연금상품을 개인형 IRP로 계좌이체 가능할까?

여기서 계좌이체란 소득세법에 따라 세제 혜택을 유지하면서 다른 연금계좌로 이동하는 것을 말한다. 통상 계좌이체 간소화가 시행됨에 따라 거래하고자 하는 금융회사에 방문하여 계좌이체를 신청하면 되고 비대면으로도 신청이 가능하여 대부분 비대면거래가 다수 발생한다.

연금신탁, 연금펀드, 연금보험에서 개인형 IRP로 계좌이체가 주로 많이 이루어진다. 이유는 개인형 IRP계좌 내에서 정기예금, 펀드, ETF 등 다양한 상품을 운용해 원하는 수익률을 얻을 수 있기 때문이다. 보수적인 투자자라면 제2금융권 정기예금만을 운용하더라도 2024년 7월 기준 3.5%대 수익을 얻을 수 있다. 하지만 계좌이체가 무조건 자유롭게 이루어지지는 않는다. 7가지의 제한 사유는 아래와 같다.

- 압류, 가압류, 질권설정계좌(담보 대출을 상환한 경우는 허용)
- 일부 금액 이체 불가
- 승계(상속)받은 계좌
- 연금 수령중인 계좌로의 이체(IRP 0원인 경우 가능)
- 2013.03.01. 이후 가입한 연금계좌에서 2013.03.01.前 가입한 연금계좌로의 이체

• 이체 前 연금계좌에 2012.12.31.前 가입자부담금납입이 있는 DC에서 지급되어 과세이연된 IRP
• 개인 부담금 세액이월공제 등록한 계좌

만약 신탁 상품이 금리가 1~2% 떨어진다면 비과세부분을 인출하여 대출을 상환하고 나머지 5,200만 원은 개인형 IRP로 계좌이체를 하여 운용하는 것도 하나의 방법이다. 개인형 IRP계좌 내에서는 원금보전형 상품인 정기예금도 연 3% 후반(2024년 7월 기준 연 3.5%)은 적용받을 수 있기 때문에 계좌이체를 하는 고객들이 지속적으로 늘어나고 있다. L씨의 경우 개인형 IRP계좌(범용)을 보유하고 있기 때문에 이 계좌에 신탁금액을 계좌이체하여 퇴직금 2억 1,900만 원과 함께 운용하여 2년 후 연금 지급을 시작하면 될 것이다.

L씨의 총자산은 관점에 따라 다르지만 적다면 적고 많다면 많다. 적정한 생활비를 산출하는 것은 퇴직 시점 자신의 보유 자산을 확인하고 소득이 있던 과거의 부를 추구하기보다는 현실적인 자신의 생활에 맞는 금액을 산정하는 것이 가장 중요하다. 현재 보유 자산으로 64세 국민연금 수령시기까지 현명하게 조정하여 여유로운 노후 생활을 누리기를 바란다.

(단위 : 만 원)

상담 전 자산 및 부채 현황					
자산	청약종합저축	170	부채	신탁담보 대출	10,000 (7.8%)
	연금신탁	15,200			
	개인연금신탁 (세제적격)	3,950			
	입출금통장	21,900			
	총계	41,220		총계	10,000

상담 후 자산 및 부채 현황					
자산	연금신탁	5,200	부채	해당 없음	
	개인연금신탁 (세제적격)	3,950			
	개인연금신탁 (범용)	21,900			
	MMF	170			
	총계	31,220			

*개인형 IRP(세액 공제용) : 세액 공제와 노후준비를 위해 근로자 개인이 개설하여 여유 자금을 적립 운용하는 계좌
*개인형 IRP(퇴직형) : 퇴직급여를 수령하기 위해 근로자 개인이 개설하여 개인의 퇴직 자금을 적립 운용하는 계좌
*개인형 IRP(범용) : 세액 공제용과 퇴직형 자금을 모두 적립 운용하는 계좌

Q

현명한 연금저축 수령 방법이 궁금합니다

연금보험료 등 소득세액 공제확인서를 보며 플랜을 짜보세요

12월에 퇴직 후 2024년 1월부터 가입했던 연금저축상품의 연금을 수령하고자 한다. 연금저축 상품이 다양하여 어떻게 수령해야 할지, 세금 구조가 어떻게 되는지를 알고 싶다. 퇴직 전에 은행 직원에게 설명을 들었지만 정확하게 이해하지 못했다. 현명하게 연금저축을 수령하려면 어떻게 해야 할까?

연금보험료 등 소득세액 공제확인서

금융기관에 내점하기 전에 먼저 정부24시나 국세청 홈텍스에서 '연금보험료 등 소득세액 공제확인서'를 발급 받아 준비해 가야 한다. '연금보험료 등 소득세액 공제확인서'를 통해 연금상품 가입 시점부터 현재까지 매년 연말정산에 혜택 받았던 연금계좌 소득·세액 공제액을 확인할 수 있다. 다만 올해 공제금액은 다음 년도 7월 이후에 국세청 자료가 발급되기 때문에 연금 지급을 받고자하는 경우 7월 이후에 가능하다.

연금상품에는 연금보험, 연금신탁, 연금펀드, 개인형 IRP 등이 있으면 '연금보험료 등 소득세액 공제확인서'를 통하여 연금소득 공제 받았던 금액 부분만큼은 5.5%~3.3%의 연금 소득세를 납부하고 연간 1,500만 원 이상 초과해서 수령하게되면 종합과세하거나 16.5%의 세율로 분리과세가 된다.

쉽게 설명하면 연말정산 시 소득공제 혜택을 주어 개인에게 세금을 환급 받도록 해주었으니 55세 이후 연금계좌에서 연금을 수령할 때는 세금을 과세하겠다는 정부의 의도이다. 만약 일시로 지급 받는다면 중과세의 의미로 연금 소득세보다 높은 기타소득세 16.5%를 과세하게 된다.

가령 2019년부터 2023년 5년 동안 매년 1,000원씩 연금보험(300만 원), 연금신탁(150만 원), 연금펀드(150만 원), 개인형

IRP(400만 원)를 불입한 경우 총불입액 5,000만 원 중 세액 공제 3,700만 원을 제외한 1,300만 원은 2024년 연금개시 등록 시점에 비과세로 인출이 가능하다.

대부분의 퇴직자들이 비과세 부분을 체크하지 않고 연금저축 계좌의 모든 금액을 연금으로 수령해야 하는 것으로 알고 연금 개시 등록을 한다. 연금 3,700만 원은 계좌 수익을 포함하여 5년 이상으로 인출 가능하며 연간 수령액 1,500만 원을 초과하지 않으면 연금 소득세 5.5%의 세율이 적용된다.

다음은 국세청 자료에 의거하여 연금저축과 IRP의 비과세 금액을 산정한 예시이다.

(단위 : 만 원)

연도	국세청 자료 연금계좌소득 세액 공제액	연금보험(a)	연금신탁(b)	연금펀드(c)	개인형 IRP(d)	총계
2019	700	300	100	0	300	700
2020	700	300	100	0	300	700
2021	700	300	40	60	300	700
2022	700	300	40	60	300	700
2023	900	300	150	150	300	900

* 연금보험(a)의 2019~2023년 실제 불입액 내역으로서 연금보험은 중도 인출이 불가하므로 전액 세액공제액으로 산정함.

(단위 : 만 원)

	연도	실제 불입액	세액 공제액	비과세
연금보험(a)	2019	300	300	0
	2020	300	300	0
	2021	300	300	0
	2022	300	300	0
	2023	300	300	0
합계		1,500	1,500	0

* 연금신탁(b)의 2019~2023년 실제불입액 내역으로서 세액공제액 430만 원/ 비과세금액 320만 원 산정하여 비과세 금액 320만 원 만큼 연금지급 등록 후 바로 인출 가능함

(단위 : 만 원)

	연도	실제 불입액	세액 공제액	비과세
연금신탁(b)	2019	150	100	50
	2020	150	100	50
	2021	150	40	110
	2022	150	40	110
	2023	150	150	–
합계		750	430	320

* 연금펀드(c)의 2019~2023년 실제불입액 내역으로서 세액공제액 270만 원/ 비과세금액 480만 원 산정하여 비과세 금액 480만 원 만큼 연금지급 등록 후 바로 인출 가능함

(단위 : 만 원)

	연도	실제 불입액	세액 공제액	비과세
연금펀드(c)	2019	150	0	150
	2020	150	0	150
	2021	150	60	90
	2022	150	60	90
	2023	150	150	–
합계		750	270	480

* 개인형 IRP(d)의 2019~2023년 실제불입액 내역으로서 세액공제액 1,500만 원/ 비과세 금액 500만 원 산정하여 비과세 금액 500만 원 만큼 연금지급 등록 후 바로 인출 가능함

(단위 : 만 원)

	연도	실제 불입액	세액 공제액	비과세
개인형 IRP(d)	2019	400	300	100
	2020	400	300	100
	2021	400	300	100
	2022	400	300	100
	2023	400	300	100
합계		2,000	1,500	500

* 결론적으로 연금신탁(320만 원)+연금펀드(480만 원)+개인형 IRP(500만 원)=1,300만 원은 연금지급 등록 후 비과세로 인출 가능함.

Q

퇴직금 대신 현물로 받았는데 어떻게 해야 할까요?

퇴직금 수령용 IRP에 입금하세요

12월 S기업에 근무 중이 D씨는 30년간의 회사 생활을 마치고 명예퇴직을 앞두고 퇴직금 운용을 어떻게 해야 할지 고민되어 유트브, 신문, 책 등을 살펴보았지만 여전히 궁금한 내용이 있다. 우선적으로 지금 가입되어 있는 개인형 IRP계좌에 퇴직금 입금이 가능한지, 회사에서 퇴직금 대신 현물(상품권, 부상비 등)로 지급한 금액이 1,050만 원이 있는데 어떻게 처리해야 퇴직 소득세 절감에 도움이 되는지 궁금하여 상담을 요청했다.

세액 공제용과 퇴직금 수령용

D씨는 기존 개인형 IRP계좌(세액 공제용)를 보유하고 있으나 퇴직금 입금을 하기 위해서는 절차가 필요하다. 개인형 IRPR계좌는 2015년 12월 1일부터 금융기관별 1인 1계좌만 가능하도록 시행되었다. 그래서 기존 개인형 IRP(세액 공제용) 계좌를 범용으로 전환하여 퇴직금을 수령하면 된다.

예외적으로 개인형 IRP계좌를 1인 2계좌로 운용 가능한 경우가 있는데 이는 2013년 3월 1일 전에 개설한 계좌를 보유한 경우, 연금 수령중인 개인형 IRP계좌를 보유한 경우, 2015년 12월 1일 전에 2개 계좌를 보유한 경우이다. 퇴직금과 기존 개인형 IRP계좌에 납입했던 금액을 분리하여 관리하고 싶다면 보유하고 있는 개인형IPR계좌를 연금 지급 등록을 한 후 개인형 IRP계좌(퇴직금 수령용)를 개설하여 퇴직금을 수령하면 된다.

개인형 IRP계좌(세액 공제용) 연금 개시를 못 한 경우 만 55세 이상 퇴직자는 입출금통장으로 퇴직금 일시 수령 후 60일 이내 개인형 IRP계좌(퇴직금 수령용)를 개설하여 과세이연을 하기도 한다. 여기서 과세이연이란 퇴직금을 지급받은 날부터 60일 내에 IRP계좌로 퇴직금을 이체하여 현물 또는 일시금 수령 시 원천징수 되었던 퇴직 소득세를 환급 받고, 추후 IRP에서 인출할 때 과세되도록 하는 절차를 의미한다. 퇴직 소득은 법정퇴직금, 명예퇴직금, 전직지원금, 현물 등이 포함된다.

과세 이연 절차

D씨는 S전자로부터 현물1,050만 원을 수령하였으니 개인형 IRP계좌(퇴직금 수령용)에 현금으로 1,050만 원을 기업부담금으로 입금하여야 한다. 만약 입금을 하지 않는다면 최소 연금을 수령할 수 있는 기간이 10년으로 늘어나 매년 연금 수령 한도가 5년에 비해 2배 줄어드는 셈이다.

2013.3.1 전의 DB제도 가입자가 현물 수령한 퇴직금(상품권, 부상비)에 해당하는 금액까지 현금으로 전액 IRP 입금시	최소 5년간 연금 수령 가능
그 외 일반적인 경우 2013.3.1 이후 DB 가입자 또는 일부 금액만 과세이연하는 경우 등	최소 10년간 연금 수령 가능

영업점에 내점하여 현금으로 입금 시 기존 근무처의 OA를 통해 퇴직 소득원천징수 영수증을 가지고 가야 한다. 입금 후 과세이연계좌신고서를 작성하여 S사의 급여팀으로 1,050만 원에 대한

세금 환급을 요청하고 1~2주 후에 개인의 IRP계좌로 세금이 입금된 이후 연금 지급 등록의 절차가 진행된다.

연금의 과세 체계

연금 수령 한도를 살펴보면 연금은 필요한 만큼 수령은 가능하나, 당해연도 연금 수령 한도 내에서는 연금 소득세로 저율 과세된다.

$$\frac{\text{연금 수령 한도 (연금계좌의 평가액)}}{\text{11}-\text{연금 수령 연차}} \times 120$$

*연금 개시 직전 영업일의 평가금액으로 산정하며 매년 1월1일에 재산정됨
**최초로 연금 수령 가능한 날을 기산연차(1년 차)로 하여 누적 합산한 연차
단 2013.3.1 전 가입한 연금계좌(DC, IRP)는 기산 연차 6년 차 적용
DB형은 '2013.3.1. 전' 가입한 계좌로서 '전액'이 IRP로 과세이연한 계좌만 6년 차 적용

연금 수령? 연금 외 수령?

*연금 수령 : 연금계좌에서 연금 수령 한도 내로 인출하는 금액

*연금 외 수령 : 연금계좌에서 연금 수령 한도를 초과하여 인출하는 금액

연금소득 재원별

연금 소득세는 연금 수령 한도 내에서 적용되고 소득재원별로 연금 소득세율이 다르다.

퇴직금재원	기타소득재원
연금 수령 한도 이내에 퇴직 소득세 70% 과세하며 실수령 연차 10년 초과 시 60% 과세	연금 수령 한도 이내에서 연금 소득세 5.5~3.3%로서 70세 미만 5.5%, 80세 미만 4.4%, 80세 이상 3.3%이다

기타소득재원으로 연금 수령시 주의할 사항은 1,500만 원 초과 수령시 연금 소득세 적용 후 종합과세 되어 별도 신고가 필수이며 2023년 이후 수령한 연금에 대해서는 본인의 선택으로 16.5% 분리과세 가능하다. 다음 해 5월 종합소득세 신고 시 분리과세 선택하여 개별 신고 및 추가분을 납부하면 된다

소득재원별 연금 인출 순서

소득재원	인출 순서	세금 구분		
		연금 수령 한도 이내(연금 소득세)		연금 수령 한도 초과/해지
비과세 (세액 공제 받지 않은 가입자 부담금)	①	비과세		비과세
퇴직 소득	②	이연퇴직 소득세액×70%(60%) *실수령 연차 11년 차부터 소득세의 60% 과세		이연퇴직 소득 세액×100%
기타소득 (운용 수익/세액 공제 받은 가입자 부담금)	③	1,500만 원이하	1,500만 원 초과	기타소득세 (16.5.5)
		연금 소득세 5.5%~3.3%	기타소득세(16.5%) 분리과세 또는 종합과세 (원천징수 5.5%~3.3%)	

DB/DC 가입일자 및 최소 연금 지급 기간 예시

구분		조건	가입일자	최소연금 지급기간
세액 공제형 IRP		조건1) 가입일로부터 만 5년 경과 조건2) 만 55세 이상(두 가지 조건 충족 필수)	IRP 가입일	11-n
퇴직금 재원 포함	DB	조건1) 퇴직 소득 전액 IRP로 과세이연 조건2) DB 가입일이 2013.3.1. 전 (두 가지 조건 충족 필수)	DB 가입일	5년
		퇴직 소득 일부만 IRP로 과세이연한 경우	IRP가입일	11-n
	DC/ 기업형IRP	DC/ 기업형 IRP 가입일이 2013.3.1. 전인 경우	DC/기업형 IRP 가입일	5년

*n은 당해 연도 연금 수령 연차이며 두 가지 요건이 충족되는 시점부터 1년 차씩 기산

*연금 지급 기간은 기본 10년 차이며 요건 충족 시 세법상 최소 5년 이상 수령

Q

연금 상품을 여럿 보유하고 있는데 인출법이 궁금합니다

연금 수령 한도 1,500만 원을 유의하세요

L씨는 S기업에서 30년 동안 근무하다 2개월 전에 퇴직하였다. DC형이던 퇴직금을 수령해야 하는데 기존 H은행에 개인형 IRP계좌를 가지고 있지만 퇴직금은 별도의 계좌를 만들어서 수령하려고 한다. 그런데 함께 퇴직하는 동료의 이야기에 따르면 퇴직금이나 기존 보유하고 있던 연금 상품들을 연금으로 수령할 때 세금이 많다고 하는데 어떤 방법으로 인출해야 할지 고민이다.

퇴직금을 자금으로 관리하고 싶다

L씨는 퇴직금을 별도의 자금으로 관리하고 싶다. 현재 개인형 IRP(세액 공제형)계좌를 보유하고 있는데 2015년 12월부터 금융기관별 1인 1계좌만 개설이 가능하다. L씨가 별도의 개인형 IRP계좌(퇴직형)계좌를 개설하려면 2가지 방법이 있다. 첫째는 보유하고 있는 개인형 IRP(세액 공제형)계좌를 연금 지급 등록하여 연금 개시를 하는 것이다. 이는 예외적으로 개인형 IRP계좌를 1인 2계좌로 운용 가능하도록 적용하고 있는 사항에 해당되기 때문이다. 둘째는 다른 은행에 개인형 IRP(퇴직형)계좌를 개설하여 퇴직금을 수령하는 것이다. 현재 보유하고 있는 계좌를 범용으로 전환하면 기존에 누적된 개인형 IRP 잔액과 합하여 퇴직금 수령은 가능하나 L씨는 별도의 자금으로 퇴직금을 관리하고 싶어 하니 범용 전환을 추천하지 않는다.

L씨는 퇴직금 2억 원을 5년으로 수령할 계획이다. 매년 4,000만 원씩 수령하여 퇴직 소득세를 30% 절세 받고자 한다. 퇴직금은 연간1,500만 원의 연금 수령 한도에 포함되지 않는다. 다만 5년 동안 퇴직금을 운용한 운용 수익은 포함되므로 5년 차 수령 시 다른 연금저축수령 한도 금액을 체크 해야 한다. 연금을 연납으로 수령할 때는 4년 차 인출 후 마지막 5년 수령연금과 운용 수익인 이자 금액을 확인하고 1,500만 원이 초과되는 경우 연금 수령기간을 늘려서 수령하면 5.5%의 연금 소득세를 적용받을 수 있다.

어떤 방법으로 어떤 연금을 수령하면 좋을까

L씨는 연금신탁, 연금보험, 연금펀드, 개인형 IRP를 보유하고 있다. L씨가 보유하고 있는 상품을 분석해보면 개인연금신탁은 97년에 가입한 상품으로 퇴직 후 6개월 안에 퇴직으로 인한 특별중도해지사유를 적용하여 비과세 적용을 받는다. 만약 연금으로 수령한다 하여도 마찬가지고 비과세이다. 그래서 이 상품을 가지고 있는 퇴직자들은 퇴직 시 일시금으로 받아서 직장생활 동안 하지 못했던 해외여행이나 취미생활 자금으로 사용하려고 여유 자금으로 활용하기도 한다. 이 상품은 연간 1,500만 원 연금 수령 한도에서 제외되는 상품이다.

개인형 IRP(퇴직형)계좌 내에 입금될 퇴직금 또한 연금 수령 한도에서 제외되고 단 연금 수령기간동안 발생한 운용 수익은 포함되니 한도 산정 시 체크하기 바란다. 연금 수령 한도에 포함되는 상품으로 웰빙연금신탁, 연금저축펀드, 연금보험, 개인형 IRP(세액 공제형) 등으로 총계는 1억 2,000만 원이다. 연간 1,500만 원만 초과하지 않으려면 모든 상품을 8년으로 연금 수령 기간을 정하면 가능하다. 하지만 추가적인 이자 수익이 발생할 수도 있으니 넉넉히 10년으로 연금을 수령하면 세금에 대한 걱정은 하지 않아도 된다.

다만 모든 상품이 연말세액 공제를 받았다는 전제이며 만약 이 중 연말세액 공제를 받지 않은 금액이 있다면 비과세이므로 연금신탁, 연금펀드, 개인형 IRP에서 일부 인출이 가능하다. 일부 인출금은 비과세로서 당연히 연간 한도 1,500만 원에서도 제외된다. 연금저축에 대한 정부의 취지는 매년 연말정산으로 세금을 환급받았으니 55세 이후 연금으로 수령하여야만 세금 혜택을 주겠다는 취지이며 만약 일시에 찾거나 1,500만 원을 초과해서 찾으면 종합과세나 16.5%라는 중과세를 적용하겠다는 의미이다. L씨가 퇴직금을 수령하는 5년 차에는 꼭 퇴직금 2억 원의 운용 수익 금액을 확인하여 연간 한도 1,500만 원이 초과되지 않도록 유의해야 한다.

[L씨의 보유 상품 중 연금 수령 한도 포함 여부]

(단위 : 만 원)

상품명	가입일자	잔액	연금 수령 한도
개인연금신탁	1997.10.21	10,000	미포함 (특별중도해지가능)
웰빙연금신탁	2008.01.22	1,000	포함
연금저축펀드계좌	2008.05.22	2,000	포함
세제적격형 연금보험	2008.10.01	4,500	포함
개인형 IRP(세액 공제형)	2013.08.06	4,500	포함
개인형 IRP(퇴직형)	개설 예정	20,000	운용 수익만 포함
총계		42,000	

*연금저축 중 연말정산세액 공제를 받지 않는 금액은 연간연금 수령 한도 1,500만 원에 미포함된다

*연금으로 수령하지 않고 일시금으로 수령시 기타소득세 16.5%가 과세된다.

*연간 한도 1,500만 원을 초과하면 종합과세 또는 분리과세 16.5%를 적용 받을수 있다.

Q

은퇴 후 생활비는 어떤 연금을 활용해야 할까요?

4가지 연금을 고려해 준비해보세요

은퇴 후 여유로운 노후 생활을 위한 연금에는 국민연금, 퇴직연금, 주택연금, 농지금연금 등을 활용할 수 있다. 각 연금들의 특징 및 내용을 살펴보고 스스로 적합한 포트폴리오를 구성하여 노후 생활비를 수령하는 것이 현명하다. 평균 수명이 길어짐으로써 국민연금적립금, 퇴직연금적립금, 주택연금 가입자, 농지연금 가입자 등이 매년 지속적으로 늘어나고 있다.

국민연금

국민연금이란 국민연금 가입자가 나이가 들어 소득 활동에 종사하지 못할 경우 지급되는 급여로 평생 매월 지급받을 수 있다. 국민연금은 NPS국민연금에서 제도를 운영한다. 출생연도에 따라 61~65세에 지급되며 가입 기간이 10년 이상으로 출생연도별 노령연금 지급개시 연령이 된 때에 수급 요건이 충족된다. 최근 국민연금 고갈 이슈로 조기 수령 하는 퇴직자가 많아지고 있다. 매년 6%씩 5년 당겨서 조기 수령 한다면 65세에 수령할 사람이 60세에 수령 가능하며 수령액이 30% 축소되는 점은 알아두어야 한다.

국민연금을 수령할 때는 연기하거나 조기 수령할 경우 연금액이 변동되므로, 수령 시기를 신중하게 선택해야 한다. 수령 후에도 일정 소득이 발생하면 연금액이 줄어들 수 있으므로 주의가 필요하다. 연금액이 일정 기준을 초과하면 소득세가 부과될 수 있으니 세금 문제도 고려해야 한다. 다른 연금(퇴직연금, 개인연금 등)과 조합하여 전체적인 수령 전략을 세우는 것이 중요하다. 국민연금 예상 수령액을 미리 확인해 생활비 계획을 세우는 것이 좋다.

노령연금은 수급권이 발생한 때부터 5년 안에 청구하지 않으면 소멸 시효가 지나 받을 수 없게 된다. 전국 국민연금공단 지사 어디에서나 청구가 가능하여 편리하다. 연금공단에 내방하는 내방 청구, 우편 청구, 팩스 청구, 인터넷 청구 등 다양한 청구 방법이 있다.

퇴직연금

퇴직연금이란 근로자의 퇴직금을 외부 금융기관에 적립하고, 회사 또는 근로자의 지시에 따라 운용하여 퇴직 시 연금 또는 일시금으로 지급하는 기업복지제도이다. 퇴직연금은 근로자 본인이 퇴직 시 일시금 또는 55세 이상이면 연금으로 수령이 가능하며 연금은 최소 5년 이상 수령하여야 한다. 일시금으로 수령하는 경우는 일시금 퇴직 소득세를 납부해야 하며 연금으로 수령하는 경우는 연금 수령 연차에 따라 10년 이하는 30% 절세가 가능하고 10년이 초과되는 경우는 40% 절세가 가능하다.

사적연금(퇴직연금, 연금저축)소득이 연1,500만 원 이하인 경우 분리과세가 가능하다. 2024년 현재 연금으로 수령하는 퇴직자가 늘어나고 있고 향후 2040년에 급여 수령자와 연금 수령자 수가 비슷해질 거라고 통계청에서 발표하기도 했다. 퇴직연금 적립금은 해마다 증가하고 있고 연금 수령자 또한 지속적으로 증가하고 있다. 이런 현상은 은퇴 후 노후 생활비에 연금 자산의 포지션이 커지고, 꼭 필요한 자산이라는 것을 의미하기도 한다.

퇴직연금은 은퇴자에게 안정적인 소득원을 제공하여 은퇴 후 생활비를 보충하는 중요한 재정적 수단이다. 은퇴 후 소득이 줄어드는 상황에서 퇴직연금은 필수적인 경제적 안전망 역할을 한다. 예상치 못한 의료비나 장기 요양비 등의 지출에 대비할 수 있는 자금원으로도 기능해, 재정적 어려움을 방지한다. 퇴직연금은 장기적인 재정 계획의 핵심 요소로, 은퇴 이후 지속적인 생활비 충당을 가능하게 한다. 세제 혜택을 통해 세금 부담을 줄이고, 투자 및 자산 증식을 통해 수익을 극대화할 기회를 제공한다. 퇴직연금은 은퇴 후 경제적 독립을 유지하는 데 중요한 역할을 하며, 자녀나 타인에게 의존하지 않고 자립적인 생활을 이어갈 수 있도록 돕는다. 이러한 이유로 퇴직연금은 은퇴자에게 꼭 필수적인 재정적 수단임을 잊지 말아야 할 것이다.

주택연금

주택연금이란 집을 소유한 55세 이상 국민이 집을 담보로 맡기고 내 집에 살면서 매달 연금(배우자도 평생 동안 같은 금액 보장)을 받도록 국가가 보증하는 제도이다. 주택연금은 주택소유자 혹은 배우자가 55세 이상 부부 기준 공시가격 12억 원 이하 1주택자 소유자, 다주택자인 경우 합산 공시가격 12억 원 이하인 경우 가능하고, 공시가가 12억 원 초과이면 2주택자는 3년 이내 1주택을 처분하는 조건으로 가입 가능하다.

대상 주택으로는 공시가격 12억 원 이하 주택이나 노인복지주택 및 주거 목적의 오피스텔이 가능하다. 상가 등 복합용도주택은 전체 면적 중 주택이 차지하는 면적이 2분의 1 이상인 경우 가능하다. 가치평가는 현재 시세를 반영하면 한국주택금융공사에서 제도를 운영한다.

주택연금제도에서 받는 매달 연금은 대출로 발생되며 매월 대출 잔액이 증가하면서 대출금 이자도 지속적으로 증가하는 방법으로 운용된다. 대부분의 연금 수령자는 주택 가격에서 분할해서 생활비를 지급한다고 여기지만 결국은 매월 대출이 발생되고, 소유자가 사망하면 주택을 매각하여 발생된 대출금을 상환하고 남은 잔액은 상속인에게 지급하는 방법이다. 만약 주택 매각 자금이 대출금보다 부족하다 하여도 상속인에게 청구하지는 않는다.

주택연금을 통해 주택을 담보로 연금을 수령하면, 사망 시점에 대출금이 주택 가치에서 차감되므로 상속 시 주택의 순가치가 감소한다. 이는 상속세 과세표준을 낮춰 상속세 부담을 줄이는 효과를 가져온다. 주택연금으로 받은 금액은 비과세 처리되며, 생전에 이 금액을 활용해 상속세 납부 시 필요한 현금을 미리 확보할 수도 있다. 상속인이 상속세를 납부할 때 현금이 부족한 상황을 예방하는 데도 도움이 된다.

또한 2024년 상속세 개편으로 상속세율이 낮아지거나 공제가 확대되면서, 주택연금과 상속세 공제를 함께 활용하면 절감 효과가 더욱 커진다. 주택소유자는 상속인과 사전에 협의하여, 연금 수령과 상속 시의 재정적 부담을 최소화하는 전략을 세워야 한다.

주택연금의 장점과 리스크를 충분히 고려해 장기적인 재정 계획을 수립하는 것이 중요하다.

농지연금

농지연금이란 60세 이상 고령 농업인이 소유한 농지를 담보로 노후 생활 안정자금을 매월 연금으로 지급받는 제도이다. 농지연금은 농지소유자 본인이 만 60세 이상이면 가능하다. 영농경력으로 신청인이 영농경력 5년 이상이어야 한다.

대상 농지는 공부상 지목이 전, 답, 과수원(실제 영농 농지)와 2년 이상 보유 농지이며, 신청자의 주소지와 담보농지의 소재지가 동일한 시, 군, 구 또는 인접한 시, 군, 구 또는 직선 거리 30km 이내여야 한다. 가치평가는 공시지가100% 또는 감정평가 90%로 평가한다.

농지연금을 받던 농업인이 사망할 경우 배우자가 승계하면 배우자 사망 시까지 계속해서 농지연금을 받을 수 있다. 연금을 받으면서 담보농지를 직접 경작하거나 임대할 수 있어 연금 이외의 추가 소득을 얻을 수 있다. 농지연금 또한 농업인이 사망 시 농지 처분으로 상환하고 남은 금액이 있으면 상속인에게 돌려주고, 부족하더라도 더 이상 청구하지 않는다.

농지연금을 활용하면 주택연금과 비슷하게 상속세와 양도소득세 절감 효과를 얻을 수 있다. 농지연금을 수령하면 사망 시 농지의 순가치가 줄어들어 상속세 과세표준이 낮아져 상속세 부담이 줄어든다. 또한, 농지를 매각하지 않고 연금을 통해 현금을 확보함으로써 양도소득세를 피하거나 연기할 수 있다. 농지연금 수령액은 비과세 혜택이 주어지며, 매월 세금 부담 없이 생활비를 확보할 수 있다. 거주 요건을 유지하면서 농지를 보유하면, 이후 매각 시 양도소득세 감면 혜택도 받을 수 있다. 이러한 절세 전략은 자산관리전문가와의 상담을 통해 최적의 방법을 찾는 것이 중요하다.

에필로그

여유로운 은퇴생활을 위하여

갈수록 증가하고 있는 퇴직연금 시장에 대비하여 개인이 퇴직금을 더 잘 운용하여 여유로운 은퇴생활을 누릴 수 있었으면 하는 바람으로 책을 썼습니다. 20대에서 40대는 은퇴자금을 모으는 방법을, 50대 이후는 퇴직연금을 절세하는 방법에 관심이 높을 것입니다. 이를 고려하여 관련 내용을 집중해 다루었습니다.

글을 마무리하고 나면 늘 아쉬움이 남습니다. 퇴직연금이 어렵다는 주위 사람들의 의견을 듣고 난 후 사례는 다양하되 가장 좋은 방법을 반복해 서술했습니다. 어떤 퇴직연금 전문가는 '왜 똑같은 내용을 계속 반복하지?'라고 의아해할지도 모르겠습니다. 이

책을 읽고 나면 저절로 이해할 수 있도록 의도적으로 반복했음을 밝힙니다.

그런데 실제 퇴직연금을 운용하는 투자자 중 안정형 투자자가 선택할 수 있는 상품군으로만 제시되어 있고 공격적인 투자자에게 맞는 상품 제시가 부족하여 아쉬움이 있을 듯합니다. 기회가 된다면 투자 상품을 고를 수 있는 안목을 키울 수 있도록 금융시장에 대한 내용을 준비해보도록 하겠습니다.

이 책이 부디 은퇴 자금의 중요성을 환기하는 계기가 되고, 은퇴 자금 포트폴리오를 구성하는 데 도움이 되었으면 좋겠습니다.